Endlich erwachsen!

1. Auflage, April 2011, 1.–8. Tausend
© **Verbraucherzentrale NRW**, Düsseldorf

Das Werk einschließlich aller seiner Teile ist urheberrechtlich geschützt. Jede Verwertung, die nicht ausdrücklich vom Urheberrechtsgesetz zugelassen ist, bedarf der vorherigen Zustimmung der Verbraucherzentrale NRW. Das gilt insbesondere für Vervielfältigungen, Bearbeitungen, Übersetzungen, Mikroverfilmungen und die Einspeicherung und Verarbeitung in elektronischen Systemen. Das Buch darf ohne Genehmigung der Verbraucherzentrale NRW auch nicht mit (Werbe-)Aufklebern o. Ä. versehen werden. Die Verwendung des Buches durch Dritte darf nicht zu absatzfördernden Zwecken geschehen oder den Eindruck einer Zusammenarbeit mit der Verbraucherzentrale NRW erwecken.

ISBN 978-3-940580-93-1
Printed in Germany

Inhalt

5	Was finde ich hier?

7 Neustart:
Jetzt beginnt das richtige Leben

8	Zeit für Veränderungen
11	Volljährig – was sich ändert
15	Wertvolle Elternhilfe

17 Auf jeden Fall unabhängig:
Die Finanzen im Griff

18	Das eigene Budget
24	Einnahmen und Ausgaben
38	Die Ausgaben
42	Immer flüssig: Konto und Karten
49	Wenn das Geld knapp wird
53	Risiko: Kauf auf Pump
58	Ein bisschen was extra – wohin mit dem Ersparten?

65 Gut geschützt:
Die passenden Versicherungen

66	Sicherheit für den Alltag
67	Was jeder braucht
80	Was zusätzlich sinnvoll ist
88	Versicherungen, die Sie nicht brauchen

89 Neues Zuhause:
Raus aus dem „Kinderzimmer"

90	Das passende Zuhause finden
100	Der Mietvertrag
107	Der Einzug
114	Zuhause: die Kosten im Griff
127	Auszug? Glückliches Ende
130	Wochenende und Weihnachten: Reisen nach Hause

Inhalt

135 Die Ausbildung im Betrieb: Tour durch die Abteilungen
136 Vor dem ersten Arbeitstag
144 Ihre Rechte am Arbeitsplatz
150 Eigenes Geld: Das Gehalt
156 Erfolgreich weiterkommen

161 Ab an die Uni: Das gilt im Studium
162 Bevor es richtig losgeht
166 Das Studium finanzieren
183 Ab ins Ausland

187 Auf dem Sprung: Zwischenphasen überbrücken
188 Viele Möglichkeiten für die neue Freiheit
189 Jobben und Praktika
193 Lernen und Helfen: Freiwilligendienste
197 Die Welt entdecken: Arbeiten und Reisen

201 Noch mehr Infos: Anhang
202 Adressen
205 Internetadressen bunt gemischt!
207 Stichwortverzeichnis
214 Impressum
215 Noch Fragen?

Was finde ich hier?

Die Schule ist vorbei – und dann? Studium, Ausbildung oder erst einmal durch die Welt reisen? Egal, wie Sie sich entscheiden: Es kommen eine Menge spannende Erlebnisse und Herausforderungen auf Sie zu. Dazu zählt nicht nur die Entscheidung für einen bestimmten Berufsweg, sondern Sie stehen auch vor vielen organisatorischen Fragen – rund um Geld, Recht und Versicherungen.

Genau um diese organisatorischen Themen zum Absprung ins neue Leben kümmern wir uns in diesem Ratgeber: Wie schaut es mit Ihrem Gesamtbudget aus? Welche Regeln für Krankenkasse und Finanzamt gelten, wenn Sie in der Zeit bis zum ersten Semester jobben? Welche Versicherungen sind notwendig, wenn Sie nicht mehr bei den Eltern leben? Und was ist wichtig, wenn Sie auf Wohnungssuche gehen und Ihren ersten eigenen Mietvertrag unterschreiben?

Ein Großteil der Antworten und Tipps gilt für alle Schulabgänger gleichermaßen, ganz egal für welchen Weg Sie sich entscheiden. Darüber hinaus stellen wir aber auch Besonderheiten vor, die für
- Auszubildende im Betrieb
- Studierende
- Au-Pairs
- Praktikanten
- Nebenjobber
- Teilnehmende an einem Freiwilligendienst oder
- Weltreisende gelten.

Wenn Sie vor den Antragsunterlagen für BAföG oder Berufsausbildungsbeihilfe sitzen, oder wenn Sie die Vertragsbedingungen für die Hausratversicherung durchlesen, werden Sie sich vielleicht wünschen, wie früher alles an Mama und Papa abgeben zu können. Aber womöglich können auch sie nicht weiterhelfen, wenn es um die aktuellen Regeln zum

BAföG oder um kritische Punkte im Mietvertrag geht. Wir nennen Ihnen deshalb zusätzlich zu den jeweiligen Kapiteln zahlreiche Anlaufstellen und Internetportale, bei denen Sie als Student oder Auszubildender – oder als Eltern – fündig werden können.

Eine spannende Zeit liegt vor Ihnen – auf geht's!

Neustart:
Jetzt beginnt das richtige Leben

Zeit für Veränderungen

Erst sind es noch mehrere Monate, irgendwann zwei Wochen, zehn Tage und dann geht es ganz schnell, bis der letzte Schultag da ist – mit Zeugnisübergabe, Abschlussball und mehr oder weniger tränenreichen Verabschiedungen von Mitschülerinnen und Mitschülern sowie der gesamten Lehrerschaft. Die Adresslisten sind längst verteilt, der lang ersehnte Urlaub ist gebucht, der Ferienjob vereinbart. Viele von Ihnen werden schon den Ausbildungsvertrag unterschrieben oder das Vorstellungsgespräch im Praktikumsbetrieb erfolgreich überstanden haben. Andere haben sich für eine neue Schule angemeldet und wieder andere werden noch unsicher sein: „Wie geht es weiter und wo komme ich unter?", „Was studiere ich und wo finde ich einen Studienplatz?"

Durch den Wegfall der Wehrpflicht und die doppelten Abiturjahrgänge, die in diesem und in den kommenden Jahren in großen Bundesländern anstehen, wird die Suche nach dem passenden Weg nicht unbedingt einfacher, wenn der Ansturm auf begehrte Studien- und Ausbildungsplätze steigt (Stand 2011).

Und: Allein bei der Frage nach dem passenden Ausbildungsweg bleibt es nicht. Mit dem neuen Abschnitt „nach der Schulzeit" ändert sich einiges für Sie und Ihre Eltern – zum Beispiel rund um die erste eigene Wohnung. Wenn Sie einen Studienplatz weit weg vom Elternhaus bekommen, bleibt Ihnen gar nichts anderes übrig, als sich vor Ort eine Bleibe zu suchen. Das bedeutet: zusätzliche Ausgaben, die Sie oder auch Ihre Familie vielleicht bisher nicht kannten.

Aber selbst wenn es trotz Ausbildung möglich ist, weiterhin im Elternhaus zu wohnen und Mietkosten zu sparen, bleibt häufig dennoch nicht alles so, wie Sie es aus der Schulzeit kannten. Dazu ein einfaches Beispiel: Wenn Sie als Auszubildender in einem Unternehmen mehr als 287 Euro im

Monat verdienen und in Ihrem Zimmer bei den Eltern einen eigenen Fernseher haben, müssen Sie sich selbst bei der Gebühreneinzugszentrale (GEZ) anmelden und Rundfunkgebühren zahlen (zur GEZ-Befreiung ⇢ Seite 124). Ein weiteres Beispiel: Unabhängig vom Wohnort gilt, dass Sie als Auszubildender im Betrieb selbst Mitglied einer Krankenkasse werden müssen und sich nicht mehr kostenlos über die Kasse der Eltern mitversichern können.

Diese beiden Beispiele geben nur einen ersten Einblick in all das, was dazugehört, wenn Sie beginnen, auf eigenen Füßen zu stehen. Viele Veränderungen können Sie erst angehen, wenn feststeht, welchen Weg Sie für Ihre weitere Ausbildung einschlagen. Doch sobald Sie wissen, in welchem Unternehmen Sie Ihre Lehre machen, was und wo Sie studieren oder wie Sie eine anstehende Wartezeit überbrücken wollen, sollten Sie unter anderem die folgenden Fragen abklären:

☐ **Das eigene Budget** ⇢ ab Seite 18
- Welche Einnahmen und welche Ausgaben haben Sie als Student, Auszubildender oder während einer längeren Wartezeit?
- Benötigen Sie einen Nebenjob, um finanziell klarzukommen?
- Haben Sie Anspruch auf Sozialleistungen wie zum Beispiel Berufsausbildungsbeihilfe, BAföG oder Arbeitslosengeld II („Hartz IV")?

☐ **Vergünstigungen**
- Wo können Sie sparen, solange Sie Ihre Berufsausbildung noch nicht abgeschlossen haben?
- Welche Voraussetzungen müssen Sie erfüllen, damit Ihre Eltern weiterhin Kindergeld für Sie bekommen?
- Welche Steuervorteile sind rund um Ihren Sprung ins eigene Leben für Sie und für Ihre Eltern möglich?

☐ Versicherungen →ab Seite 66
- Wo können Sie über Ihre Eltern versichert bleiben?
- Welchen Schutz haben Sie automatisch über die gesetzliche Sozialversicherung?
- Was bieten private Versicherungsverträge und welche benötigen Sie?

☐ Wohnung →ab Seite 90
- Bleiben Sie im Elternhaus wohnen oder können Sie sich eine eigene Bleibe leisten?
- Wollen Sie eine WG, ein Apartment oder vielleicht doch einen Platz im Studentenwohnheim?
- Wie können Sie Ihre eigene Wohnung finanzieren und wie finden Sie das passende neue Zuhause?

☐ Ausbildung →ab Seite 136
- Welche Vorbereitungen müssen Sie treffen? Haben Sie zum Beispiel von Kontodaten bis Krankenkasse alle Unterlagen für die Personalabteilung des Betriebs zusammen?
- Was ist die beste und günstigste Möglichkeit, morgens zur Arbeit zu kommen?
- Welche Aufgaben erwarten Sie als Lehrling, welche Rechte und Pflichten haben Sie, etwa wenn Sie krank werden?

☐ Studium →ab Seite 162
- Wie können Sie die Zeit an der Hochschule finanzieren?
- Welche Förderung kommt für Sie infrage?
- Benötigen Sie einen Studien-Kredit?
- Was müssen Sie beachten, wenn Sie nebenbei jobben?

☐ Übergangsphase →ab Seite 188
- Wie wollen Sie die Wartezeit bis zu einem nächsten Ausbildungsabschnitt nutzen?
- Wie können Sie sicherstellen, dass Ihnen von Ihrem verdienten Geld möglichst viel in der Tasche bleibt?
- Was gilt in dieser Zeit hinsichtlich Steuern, Sozialversicherung und Kindergeld?

Auf diese und viele andere Fragen werden wir in den nächsten Kapiteln eingehen. Die Entscheidung, welche Art von Ausbildung, Job oder Studium für Sie infrage kommt, können wir Ihnen nicht abnehmen. Aber wir zeigen, wie Sie finanziell, organisatorisch und auch in rechtlichen Fragen für den Absprung vom Elternhaus gewappnet sind.

Volljährig – was sich ändert

Wichtige Voraussetzung für den Weg in die neue Unabhängigkeit ist, dass Sie in vielen Fragen nun auch offiziell selbst entscheiden dürfen. Deshalb passt es ganz gut, dass der 18. Geburtstag und der Absprung von zuhause häufig zeitlich nicht zu weit auseinanderliegen. Als volljähriger Mensch wurden oder werden Sie mit neuen Rechten, aber auch mit Pflichten ausgestattet. Was sich alles ändert? Hier einige der wichtigsten Stichwörter:

Geschäftsfähigkeit. Mit dem 18. Geburtstag sind Sie voll geschäftsfähig. Das bedeutet, Sie dürfen zum Beispiel selbst Ihren Miet- oder Telefonvertrag unterschreiben und benötigen nicht mehr das Einverständnis Ihrer Eltern. Sie können außerdem ohne die Zustimmung Ihrer Eltern ein Bankkonto eröffnen.

Arbeitszeiten. Für Sie gelten nicht mehr die Bestimmungen des Jugendarbeitsschutzgesetzes. Vor dem 18. Geburtstag durften Sie in der Regel maximal acht Stunden am Tag und 40 Stunden in der Woche arbeiten, Nachtarbeit war tabu. Jetzt, wo Sie über 18 sind, liegt die tägliche Höchstarbeitszeit zwar auch bei acht Stunden, doch sie kann für einen beschränkten Zeitraum auf 10 Stunden verlängert werden.

Jugendschutzbestimmungen. Mit 18 gelten zum Beispiel neue Regeln für den Kauf von Tabak und Alkohol oder den Zugang zu Filmen.

Strafrecht. Sie können nach Erwachsenenstrafrecht verurteilt werden. Zwischen dem 18. und dem 21. Geburtstag gelten Sie allerdings noch als Heranwachsender, sodass Sie in dieser Zeit auch noch nach Jugendstrafrecht verurteilt werden könnten.

Wahlrecht. Sie dürfen selbst die Abgeordneten zum Bundestag, Landtag oder in den Kommunen wählen und sich selbst auch für viele Posten aufstellen sowie wählen lassen.

Heiraten. Sie dürfen die Ehe schließen. Solange Sie zwar älter als 16, aber noch keine 18 Jahre alt waren, durften Sie nur heiraten, wenn der Partner bereits volljährig war und das Familiengericht die Zustimmung gab, dass auch Sie die Ehe hätten schließen dürfen.

Führerschein. Sie dürfen nach bestandener Führerscheinprüfung ohne Begleitung einer anderen Person ein Auto oder Motorrad lenken. Wenn Sie am „begleiteten Fahren mit 17" teilgenommen hatten, dürfen Sie die Bescheinigung, die Sie bei bestandener Prüfung erhielten, als Volljähriger nun gegen den richtigen EU-Führerschein eintauschen.

Eigene Wohnung. Sie können frei entscheiden, wo Sie wohnen wollen. Allerdings müssen Ihre Eltern Sie mit einer eigenen Wohnung nicht unbedingt finanziell unterstützen. Solange Sie wirtschaftlich noch nicht auf eigenen Beinen stehen, haben Ihre Eltern die Möglichkeit, Ihren Unterhaltspflichten durch Bar- oder Naturalunterhalt (--› Seite 24) gerecht zu werden. Es kann somit auch sein, dass Ihre Eltern Ihnen während Ihrer Ausbildung keine Geldsumme auszahlen, sondern Ihnen ermöglichen, weiter im Elternhaus zu wohnen und Ihnen dann ein Taschengeld zahlen.

Für die Unabhängigkeit von anderen Erwachsenen ist vor allem die **„volle Geschäftsfähigkeit"** eine wichtige Voraussetzung. Sie können zum Beispiel selbst entscheiden, bei welchem Telefonanbieter Sie Ihren Vertrag für Festnetz und Internet unterschreiben oder in welchem Fitnessstudio Sie sich anmelden. Die Unabhängigkeit macht sich aber auch schon bei vielen kleinen ganz alltäglichen Dingen bemerkbar. So benötigen Sie beispielsweise für eine Banküberweisung oder einen Dauerauftrag von Ihrem Girokonto als Volljähriger keine Zustimmung der Eltern. Für alle, die noch keine 18 Jahre sind, ist das anders: Minderjährige brauchen nicht nur für die Eröffnung eines Girokontos die Einwilligung ihrer Eltern, sondern in der Regel auch für Barabhebungen oder Überweisungen.

Exkurs: Und wenn ein Kredit lockt?

Noch aufwendiger ist für Minderjährige eine Kreditaufnahme. Hier verlangt der Gesetzgeber nicht nur die Zustimmung der Eltern, sondern zusätzlich, dass das Vormundschaftsgericht den Vertrag genehmigt. Wenn also ein 17-Jähriger Geld von seiner Bank leihen möchte, um sich selbst den Flug zum Austauschjahr in den USA zu leisten, muss das Gericht zustimmen. Sonst wird der Vertrag zwischen Kunde und Bank nie wirksam. Und selbst wenn der Kredit von Eltern und Gericht genehmigt wurde: Ein Jugendlicher unter 18 Jahren haftet trotzdem schon für sämtliche Schulden aus dem von ihm aufgenommenen Kredit.

Mit dem 18. Geburtstag gibt es für den Kreditnehmer allerdings eine Schutzfunktion: Er kann die Haftung in einigen Fällen beschränken, und zwar auf den bei Eintritt der Volljährigkeit vorhandenen Vermögensbestand. Allerdings müssen Sie dafür der Bank über Ihre finanzielle Situation Rechenschaft ablegen und Ihre gesamten Vermögenswerte vorlegen. Durch diese Regelung haben Sie aber den Vorteil, dass Sie ohne Schulden in die Volljährigkeit starten können.

Diese Regelung hilft Ihnen aber nicht mehr, wenn Sie als Volljähriger neue Ausgaben haben, die Sie nicht zurückzahlen können. Wenn Sie mit 18 oder 19 einen Handyvertrag abschließen, haften Sie für die zu zahlenden Gebühren. Genauso sind Sie in der Pflicht, den Mitgliedsbeitrag für das Fitnessstudio oder die monatliche Miete zu überweisen, wenn Sie die Verträge geschlossen haben. Das Gleiche gilt übrigens auch für einen Ratenkauf. Und Sie sind es, der gegenüber der Bank verpflichtet ist, ein Minus auf dem Konto auszugleichen, wenn Sie nach dem 18. Geburtstag den Dispo (→ Seite 50) genutzt oder gar überdehnt haben. Volle Geschäftsfähigkeit bedeutet somit nicht nur mehr Rechte, sondern auch zusätzliche finanzielle Verantwortung.

Verträge widerrufen und kündigen

Wiederruf: Manchmal stellt man kurz nach Vertragsschluss fest, dass man das Angebot doch nicht nutzen will. Trotzdem gilt die Regel, dass Verträge einzuhalten sind. Ein generelles Recht, Verträge zu stornieren (rückgängig zu machen), gibt es nicht. Nur bei bestimmten Verträgen, wie Versicherungen oder Verbraucherdarlehen, können Sie den Vertrag ohne Angabe von Gründen widerrufen. Das Gleiche gilt häufig, wenn Verträge an der Haustür oder im sogenannten Fernabsatz, also zum Beispiel per Telefon oder im Internet, abgeschlossen wurden.

Im Zweifel sollten Sie sich ganz schnell Rechtsrat, etwa bei einer Verbraucherzentrale, einholen. Falls ein Widerruf möglich ist, gilt: Der Widerruf muss schriftlich vorliegen, es gilt eine Widerrufsfrist von 14 Tagen. Bei bestimmten Verträgen, etwa wenn Sie eine Renten- oder Lebensversicherung abgeschlossen haben, bleiben sogar 30 Tage für den Widerruf. Schicken Sie den Widerruf per Einschreiben mit Rückschein.

Kündigung: Wenn Sie einen bestehenden Vertrag nicht mehr wollen, müssen Sie auf die Laufzeit und die vereinbarten Kündigungsfristen achten.

Kündigen Sie immer schriftlich. Senden Sie das Schreiben am besten per Einschreiben mit Rückschein. Dann können Sie belegen, dass Sie pünktlich waren.

Wertvolle Elternhilfe

Selbst wenn Sie nach der Schule möglichst schnell auf eigenen Füßen stehen wollen und auch als volljähriger Bürger selbst entscheiden dürfen, wie Sie leben wollen, sollten Sie Ihre Eltern noch nicht ganz aus dem Spiel lassen. Als Familienmitglied haben Sie weiterhin zahlreiche Vorteile, die sich finanziell auszahlen und auch darüber hinaus im Alltag hilfreich sein können. Ein paar Beispiele dazu:

Unterhalt. Solange Sie sich wirtschaftlich noch nicht selbst versorgen können, haben Sie Anspruch auf Unterhaltsleistungen durch Ihre Eltern (→ Seite 24), ganz gleich, ob diese miteinander verheiratet oder geschieden sind.

Versicherungen. Sie können sich die Beiträge für verschiedene Versicherungsverträge sparen, wenn Ihre Eltern den entsprechenden Vertrag haben. Das zahlt sich zum Beispiel in der Autoversicherung aus, wenn Sie einen Wagen nicht selbst versichern, sondern auf einen Vertrag von Mutter oder Vater zurückgreifen können.

Wohnungssuche. Weiß der Vermieter, dass die Eltern hinter der Wohnungssuche stehen und gegebenenfalls finanziell einspringen, sind die Chancen auf die erhoffte Traumwohnung oftmals größer.

Anträge. Wenn Sie die organisatorische Unterstützung der Eltern haben, ist es einfacher, zum Beispiel die Anträge auf BAföG (→ Seite 173) oder andere Sozialleistungen wie die Berufsausbildungsbeihilfe schnellstmöglich zu stellen. Denn die Behörden wollen wissen, wie hoch das Einkommen der Eltern ist, um Ihren Anspruch auf Förderleistungen zu ermitteln.

Neben diesen organisatorischen Themen bleibt noch ein Punkt, den man als erwachsene Tochter oder erwachsener Sohn im Gespräch mit den Eltern meistens ungern hört oder als absolut nervig empfindet: Die Erfahrung der Eltern kann sich bezahlt machen. Sie selbst waren schon einmal auf Wohnungssuche. Sie selbst haben vielleicht schon die jeweiligen Anträge oder Formulare ausgefüllt oder sich durch vergleichbare Unterlagen gekämpft. Und sie selbst kennen aus dem Bekannten- oder Freundeskreis womöglich noch mehr Experten, die sich mit Steuern, Versicherungen oder Geldanlagen auskennen. Deshalb lohnt es sich häufig doch, die Eltern um Unterstützung und „Denkhilfen" zu bitten – auch wenn es manchmal schwerfällt.

Auf jeden Fall unabhängig:
Die Finanzen im Griff

Das eigene Budget

Wenn Sie nach der Schule neu durchstarten, beginnt vor allem in Sachen Geld für viele ein ganz neuer Abschnitt: Passend zum Studium oder zur Ausbildung muss die eigene Unterkunft bezahlt werden. Dazu gibt es Ausgaben für den Weg zur Arbeit, Studiengebühren, den eigenen Telefonanschluss oder auch für Kino- sowie Kneipenbesuch und Reisen in den Semesterferien. Der eigene Haushalt kostet Geld, genauso wie womöglich ein eigenes Auto oder die regelmäßigen Heimfahrten mit der Bahn zu den Eltern oder zu Freunden.

Zwischen Umzug, Wohnungseinrichtung, Auffüllen des Kühlschranks und Besuch der Erstsemester-Partys ist es nicht immer leicht, den Überblick in Sachen Geld zu behalten. Doch Sie sollten versuchen, im Blick zu haben, wie viel Sie ausgeben und was Sie an regelmäßigen Einnahmen haben (⸺› Tabelle Seite 20).

> ### ✖ Das bisschen Haushalt ...?
> Die Verbraucherzentralen haben „Das Haushaltsbuch" herausgebracht. Es kostet 5,90 Euro und ist sowohl für Alleinwohnende als auch für WG-Haushalte geeignet, um die Kosten im Griff zu behalten. Monat für Monat werden übers Jahr alle Ausgaben und Einnahmen eingetragen. Mit vielen Spar-Tipps und wichtigen Verbraucherinformationen. Erhältlich über die Verbraucherzentralen (⸺› Seite 216).

„Haushaltsbuch" klingt richtig spießig, aber um die Einnahmen und Ausgaben im Blick zu behalten, hilft es, wenn Sie zumindest für einige Wochen regelmäßig aufschreiben, wofür Ihr Geld eigentlich weggeht. Einen ersten Überblick bekommen Sie, wenn Sie sich die Kontoauszüge der letzten Wochen ansehen. Allerdings besteht die Gefahr, dass Sie dann manche Posten leicht vergessen, wenn zum Beispiel die GEZ-Gebühren einmal im Vierteljahr abgerechnet werden oder die Ausgaben für die Hausratversicherung und die

BahnCard nur einmal im Jahr. Überlegen Sie deshalb bei Ihrem Haushaltscheck, welche Ausgaben Sie regelmäßig und welche Sie zusätzlich in unregelmäßigen Abständen haben.

Gerade wenn Sie kurz vor dem Absprung von zuhause stehen, haben Sie womöglich noch gar keine Vorstellung davon, wie viel Sie künftig aufbringen müssen. Anhaltspunkte geben Ihnen die folgenden Werte aus der 19. Sozialerhebung des Deutschen Studentenwerks. Im Sommersemester 2009 wurden mehr als 16 000 Studierende befragt, die im Durchschnitt folgende Ausgaben haben:

Monatliche Ausgaben für
- Miete: 281 Euro
- Ernährung: 159 Euro
- Kleidung: 51 Euro
- Lernmittel: 33 Euro
- Auto und/oder öffentliche Verkehrsmittel: 76 Euro
- Gesundheit (Krankenversicherung, Medikamente, Arztbesuche): 59 Euro
- Kommunikation: 35 Euro.
- Freizeit/Kultur/Sport: 63 Euro

Je nach Bundesland kommen eventuell noch Studiengebühren hinzu.

Achtung: Es handelt sich um Durchschnittswerte von laufenden Kosten, je nach Wohnort, Alter oder auch persönlichen

> **Der Monat ist lang**
>
> Je knapper – gerade am Anfang – das Budget ist, desto schwieriger ist es natürlich, bis zum nächsten 1. damit auszukommen. Umso mehr sollten Sie versuchen, Ihre Ausgaben über den Monat zu staffeln – also nicht gleich zu Monatsbeginn alles unnötig zu verpulvern. Das erfordert sicherlich einige Disziplin. Aber erste kleine Erfolge werden Sie bestimmt ermutigen, eine solche Strategie auf Dauer durchzuhalten. Gönnen Sie sich dann, wenn möglich, am Monatsende eine kleine Belohnung.

Die Budgetplanung

Regelmäßige Einnahmen, zum Beispiel ...	monatlich circa (Euro)
Zahlungen der Eltern oder Großeltern	_____
Kindergeld	_____
Gehalt als Auszubildender	_____
Einkommen aus (Neben-)Jobs	_____
BAföG, Berufsausbildungsbeihilfe	_____
Sozialleistungen (etwa Wohngeld, Arbeitslosengeld II)	_____
Studienkredit	_____
Stipendium	_____
(Halb-)Waisenrente	_____
_____	_____
Summe der möglichen Einnahmen	_____

Ansprüchen können die Werte davon deutlich abweichen. Weitere Kosten wie etwa die Erstausstattung der Wohnung sind darin nicht enthalten.

Für Auszubildende oder auch Abiturienten in der Übergangsphase werden manche der für Studenten erhobenen Werte vergleichbar sein, etwa, was die Ausgaben für die Miete angeht. Dagegen dürften zum Beispiel beim Punkt Gesundheit die Ausgaben häufig deutlich abweichen, da unter anderem Auszubildende im Betrieb wesentlich mehr für die Krankenkasse zahlen müssen als Studenten.

Die Budgetplanung (Fortsetzung)

Regelmäßig wiederkehrende Ausgaben, zum Beispiel ...	monatlich circa (Euro)
Kaltmiete/Mietanteil (WG)	
Energieverbrauch (Heizung, Strom, Wasser, Gas)	
Telefon (Handy/Festnetz/Internet)	
GEZ-Gebühren	
Lebenshaltung (Getränke, Nahrungsmittel)	
Außer-Haus-Verpflegung (Mensa, Pausensnacks)	
Genussmittel (Spirituosen, Zigaretten, Süßigkeiten)	
Körperpflege/Bekleidung	
Gesundheit (auch Praxisgebühr)	
Haushalt (Waschpulver, Putzzeug)	
Freizeit (Partys, Kino/Theater, CDs, Bücher, Abos, Hobbys/Sport)	
Auto (Versicherung, Steuern, Benzin, TÜV, Reparatur)	
Fahrtkosten (Monatsticket Arbeit/Uni, Heimfahrten)	
Studium/Ausbildung (Studiengebühren, Bücher, Kopierkosten, Druckerpatrone)	
Versicherungen (Kranken-, Hausratversicherung)	
„Notfallpolster"	
Summe der möglichen Ausgaben	

Für den Notfall

Eine zusätzliche Schwierigkeit ergibt sich bei der Finanzplanung dadurch, dass es leider im Alltag nicht nur bei den kalkulierbaren Ausgaben bleibt. Was ist, wenn der Kühlschrank in der WG plötzlich eher wärmt als kühlt und Sie sich zu dritt einen neuen leisten müssen? Was ist, wenn Ihr Computer kurzfristig repariert werden muss, weil Sie Ihre Seminararbeit in wenigen Tagen fertiggestellt haben müssen? Was ist, wenn der Auspuff Ihres Autos abfällt und die Werkstatt ankündigt, dass ein neuer her muss? Genau diese unvorhergesehenen Ereignisse können finanziell zu kleinen Katastrophen führen, wenn Sie Ihr Budget so geplant haben, dass die Einnahmen gerade für die regelmäßigen Ausgaben reichen.

Gut dran ist man, wenn in der Situation die Eltern einspringen und zumindest etwas vorstrecken können. Doch das klappt längst nicht immer. Deshalb sollten Sie bei Ihren Ausgaben wenn möglich immer auch einen Posten „Sparen für Notfälle" einplanen. Wenn Sie zum Beispiel jeden Monat 40 Euro Ihres Ausbildungsgehalts zur Seite legen, reichen die 480 Euro am Jahresende problemlos aus, um davon Ihren Anteil für den neuen WG-Kühlschrank zu bezahlen.

Um die Notfallrücklage aufzubauen, gibt es mehrere Möglichkeiten. Am bequemsten wäre es, Sie lassen das Geld auf dem Girokonto. Dann können Sie direkt heran, wenn Sie es dringend benötigen. Allerdings haben Sie den Nachteil, dass Sie auch direkt an die „Ersparnisse" herankönnen, wenn Sie in der Stadt neue Schuhe sehen oder einmal mehr ausgehen wollen.

Besser ist deshalb, etwas Geld so anzulegen, dass Sie es wirklich sparen und nicht gleich bei erstbester Gelegenheit ausgeben. Eine bequeme und gleichzeitig flexible Möglichkeit bietet dafür das sogenannte Tagesgeldkonto, bei dem Sie auch noch Zinsen für Ihr Geld bekommen. Wenn Sie das Geld auf ein solches Konto einzahlen, können Sie es nicht im Handumdrehen beim Einkaufen wieder ausgeben, sind aber trotzdem so flexibel, dass sie täglich über das Geld verfügen können. Das funktioniert mithilfe Ihres Girokontos.

Wenn Sie ein Tagesgeldkonto eröffnen, müssen Sie ein „Referenzkonto" – also zum Beispiel Ihre Girokontoverbindung – angeben. Überweisungen vom oder auf das Tagesgeldkonto sind nur über das Referenzkonto möglich. Wenn Sie im Notfall dringend Geld benötigen, können Sie eine angesparte Summe vom Tagesgeldkonto auf Ihr Girokonto überweisen und dann am Automaten abheben oder per ec-Karte bezahlen.

Fazit: Durch das zwischengeschaltete Girokonto haben Sie eine zusätzliche Hürde zum Geldausgeben, bleiben aber trotzdem kurzfristig flüssig.

Tagesgeldkonto eröffnen

Ein Tagesgeldkonto ist bei vielen Banken kostenlos. Bei zahlreichen Angeboten spielt es außerdem keine Rolle, wie viel Geld Sie darauf einzahlen. Einige Banken verlangen allerdings eine Mindestsumme, die bei Kontoeröffnung eingezahlt werden muss. Fragen Sie bei Ihrer Girokonto-Bank nach, ob Sie dort auch ein Tagesgeldkonto bekommen.

Sie können aber auch zu einer ganz anderen Bank gehen, die Ihnen womöglich noch mehr Zinsen zahlt. Gute Konditionen bieten häufig Direktbanken, die überwiegend über das Internet aktiv sind und keine Filialen betreiben.

Einnahmen und Ausgaben

Für viele Menschen in Ausbildung und Studium bleiben die Zuschüsse von den Eltern die wichtigste oder zumindest eine der wichtigsten Einnahmequellen, um finanziell klarzukommen. Die jüngste Sozialerhebung des Studentenwerks hat bestätigt, dass 87 Prozent der Studierenden von den Zahlungen der Eltern profitieren. Und auch eine Vielzahl der Auszubildenden im Betrieb wird kaum allein vom Gehalt und ohne die familiäre Unterstützung auskommen.

Recht auf Unterhalt

Grundsätzlich sind sich Eltern und Kinder wechselseitig ein Leben lang zum Unterhalt verpflichtet. Solange Sie Ihre erste Ausbildung noch nicht abgeschlossen haben, genießen Sie einen rechtlichen Anspruch auf die Unterstützung Ihrer Eltern, ohne dass diese Ihnen sagen können: „Geh doch ohne Ausbildung gleich arbeiten." Sie sind verpflichtet, für Sie Unterhalt zu leisten – wenn sie es können. Im Juristendeutsch heißt das: wenn die Eltern leistungsfähig sind. Das gilt sowohl für minderjährige Auszubildende als auch für junge Leute, die bereits den 18. Geburtstag gefeiert haben. Eigentlich endet der Unterhaltsanspruch von Kindern mit der Volljährigkeit. Doch wenn Sie bis dahin wirtschaftlich noch nicht in der Lage sind, für sich selbst zu sorgen, sind Ihre Eltern weiter in der Pflicht, Sie zu unterstützen. Sollten die Eltern ihrer Pflicht nicht nachkommen, können im Einzelfall auch die Großeltern unterhaltspflichtig werden.

Wie hoch der Unterhaltsanspruch ist, hängt vom Alter des Kindes, dem Einkommen der Eltern und der Anzahl der unterhaltspflichtigen Kinder ab. Für volljährige Kinder, die einen eigenen Haushalt führen, wird seit Anfang 2011 ein Unterhaltsbedarf von 670 Euro im Monat angesetzt. Auf diesen Betrag werden allerdings Einnahmen des Kindes mit angerechnet. Dazu gehören unter anderem das Ausbildungsgehalt, Stipendienzahlungen, BAföG oder eine (Halb-)Waisenrente. Auch wenn Ihr Unterhaltsbedarf damit nicht gedeckt ist, müssen Ihre Eltern dann nicht zahlen, wenn sie nicht zahlen können, weil sie selbst gerade so über die Runden kommen. Anhaltspunkte, wie hoch der Unterhaltsanspruch für Kinder ist, bietet die sogenannte Düsseldorfer Tabelle (...› Seite 26).

Bei volljährigen Kindern sind beide Elternteile unterhaltspflichtig, ganz gleich, ob sie miteinander verheiratet sind oder sich getrennt haben. Anhand des jeweiligen Einkommens von Vater und Mutter wird ermittelt, wer wie viel zu zahlen vermag. Natürlich kann es auch passieren, dass zum Beispiel der von der Mutter geschiedene Vater nicht zahlen will. Hilft kein direktes Gespräch, können sich die Kinder Unterstützung holen. Während Minderjährigen Hilfe vom Jugendamt zusteht, sollten Volljährige zunächst zum Amtsgericht gehen, um sich einen Beratungshilfeschein zu besorgen. Mit diesem Schein können Sie sich, abgesehen von einer geringen Gebühr, kostenlos bei einem Rechtsanwalt oder einer Rechtsanwältin beraten lassen. In einigen Bundesländern erfolgt die Beratung gleich direkt beim Amtsgericht.

Sollte es Ihnen auch mit anwaltlicher Unterstützung nicht gelingen, sich außergerichtlich auf den gewünschten Unterhalt mit Ihren Eltern oder einem Elternteil zu einigen, bleibt letztlich noch die Klage vor dem Familiengericht. Dafür können Sie beim Amtsgericht Prozesskostenhilfe beantragen.

Doch selbst wenn Sie Anspruch auf Unterhalt haben und die Eltern auch zahlen könnten, heißt das nicht, dass Sie automatisch die in der Düsseldorfer Tabelle genannte Summe verlangen dürfen. Der finanzielle Zuschuss, der sogenannte Barunterhalt, ist zwar die häufigste Form der Unterhaltszahlungen, doch es muss nicht immer so sein. Eltern können

Düsseldorfer Tabelle

Anhaltspunkt für die Höhe von Unterhaltsleistungen bietet die sogenannte Düsseldorfer Tabelle. Diese Tabelle, die auf das Oberlandesgericht Düsseldorf zurückgeht, ist zwar nicht rechtlich bindend, aber sie gilt für mögliche Auseinandersetzungen zur Unterhaltspflicht als Leitlinie. Die aktuellen Werte der Düsseldorfer Tabelle – mit und ohne Anrechnung des Kindergeldes – finden Sie unter www.olg-duesseldorf.nrw.de.

Nettoeinkommen des Barunterhaltspflichtigen (in Euro)	ab 18 Jahren (in Euro)	Prozentsatz
Bis 1 500	488	100
1 501–1 900	513	105
1 901–2 300	537	110
2 301–2 700	562	115
2 701–3 100	586	120
3 101–3 500	625	128
3 501–3 900	664	136
3 901–4 300	703	144
4 301–4 700	742	152
4 701–5 100	781	160

Ab 5 101 nach Umständen des Falls

Stand 1.1.2011; Quelle: OLG-Düsseldorf

auch Naturalunterhalt leisten, indem sie ihre Kinder auch nach der Schulzeit zum Beispiel mit einer kostenlosen Unterkunft oder in Form von Lebensmitteln unterstützen.

Wenn sie dem Kind anbieten, dass es weiter kostenlos bei ihnen wohnen kann und ein Taschengeld bekommt, können Sohn oder Tochter nicht automatisch von den Eltern verlangen, dass sie stattdessen finanziellen Unterhalt für eine eigene Wohnung leisten. Wenn es aber beispielsweise aufgrund einer zu weiten Entfernung zur Ausbildungsstelle oder Hochschule für Sohn oder Tochter unzumutbar wäre, bei den Eltern wohnen zu bleiben, können sie darauf bestehen, den Unterhalt als Geldleistung zu bekommen.

Weitere Gründe wären zum Beispiel Gewalt in der Familie, unzumutbare Kontrollmaßnahmen durch die Eltern oder eine zu enge Wohnung für die gesamte Familie. In solchen Fällen können die Kinder beim Vormundschaftsgericht beantragen, dass die Eltern ihnen den Unterhalt als Geldleistung zukommen lassen.

> **i Gesetzlicher Anspruch auf Unterhalt**
>
> Das Bürgerliche Gesetzbuch (BGB) regelt in den §§ 1601 bis 1615 die Unterhaltspflicht.
>
> Danach sind Verwandte in gerader Linie unterhaltspflichtig, soweit sie die finanziellen Möglichkeiten dazu haben. Als Erste sind die Eltern gefordert, wenn sie nicht zahlen können, müssen eventuell die Großeltern einspringen. Sollte keine Unterhaltszahlung möglich sein, bleibt am Ende womöglich nur, Sozialleistungen in Form von Arbeitslosengeld II zu beantragen.
>
> Anspruch auf Unterhalt haben Volljährige nur, wenn sie nicht in der Lage sind, sich aus eigener Kraft und Möglichkeit zu unterhalten. Der Unterhalt umfasst den gesamten Lebensbedarf einschließlich der Kosten einer angemessenen Vorbildung zu einem Beruf. Es gilt die generelle Unterhaltspflicht für die erste Ausbildung.

Sozialleistungen

Die Eltern geben also einen Teil für Ihre Ausbildung dazu. Doch allein dabei muss es nicht bleiben. Sie und Ihre Eltern können für die Zeit, in der Sie noch in der Ausbildung sind, finanzielle Unterstützung aus öffentlichen Mitteln bekommen.

Kindergeld

Als finanzielle Entlastung für ihre Unterhaltsleistung erhalten Eltern Kindergeld oder alternativ den Kinderfreibetrag und weitere Steuerfreibeträge. Diese Leistungen gelten auch noch für volljährige Kinder, solange sich diese in der ersten Ausbildung befinden, bis zur Vollendung des 25. Lebensjahrs. Haben die Kinder zwischenzeitlich Wehr- oder Ersatzdienst geleistet, verlängert sich die Anspruchszeit um die entsprechenden Monate.

Den Antrag auf Kindergeld stellen die Eltern bei der Familienkasse, die meist bei der örtlichen Arbeitsagentur angesiedelt ist. Wenn Kindergeldanspruch besteht, zahlt die Familienkasse für das erste und das zweite Kind je 184 Euro im Monat, für das dritte Kind 190 und für jedes weitere Kind 215 Euro.

Für volljährige Kinder fließt nach derzeitigem Recht allerdings nur dann Kindergeld, wenn die Einkünfte und Bezüge der Kinder in Ausbildung bei höchstens 8 004 Euro im Jahr liegen. Zu den Einkünften zählen zum Beispiel das Ausbildungsgehalt oder auch Einkünfte aus Nebenjobs und Rentenzahlungen (beispielsweise eine Halbwaisenrente). Zu den Bezügen zählt der Anteil des BAföGs, der nicht zurückzuzahlen ist (mehr dazu ⇢ Seite 139). Welche Regelungen zum Kindergeld für Auszubildende im Betrieb, als Student oder auch als Nebenjobber in der Übergangsphase zu beachten sind, stellen wir in den jeweiligen Kapiteln ab Seite 136, 162 und 188 genauer vor.

@ Kindergeld
Informationen rund um das Kindergeld finden Sie unter www.arbeitsagentur.de sowie unter www.familienkasse.de.

Für alle Gruppen gilt allerdings, dass die Familienkasse aufgrund des zu erwartenden Einkommens zu Jahresbeginn eine Prognose aufstellt, ob Eltern noch Anspruch auf Kindergeld haben. Stellt sich im Laufe des Jahres heraus, dass sie falsch gelegen und zu Unrecht Kindergeld verweigert hat, können Eltern nachträglich noch die Zahlungen bekommen. Wurde zu Unrecht Kindergeld gezahlt, müssen Eltern es zurückzahlen. Fällt der Kindergeldanspruch im Laufe des Jahres weg, etwa zum Ende der Ausbildung, wird der erlaubte Grenzwert von Einkünften und Bezügen anteilig um die wegfallenden Monate gekürzt. Genau gerechnet wird auch, wenn die Tochter zum Beispiel im August volljährig wird. Dann darf sie in den vier Monaten September bis Dezember höchstens 2668 Euro (4/12 von 8004 Euro) an Einkünften und Bezügen haben.

Liegen zwischen zwei Ausbildungsabschnitten, zum Beispiel zwischen Schule und Studienbeginn, höchstens vier Monate, fließt das Kindergeld auch in dieser Zeit – vorausgesetzt,

> **Streit ums Kindergeld**
> Verweigert die Familienkasse das Kindergeld? Dann sollten Sie und Ihre Eltern sich Rat holen, zum Beispiel bei einem Steuerberater oder auch bei einem Lohnsteuerhilfeverein.

die Einkünfte und Bezüge liegen aufs Jahr gesehen bei höchstens 8 004 Euro. Bei längeren Unterbrechungen ist es wichtig, dass Sie Ihren Willen, einen Ausbildungs- oder Studienplatz zu bekommen, belegen können. Als Nachweis können Sie zum Beispiel auch Bewerbungen und Absagen einreichen. Sind Jugendliche zwischen 18 und 21 Jahren bei der Bundesagentur für Arbeit als arbeitsuchend gemeldet, reicht es der Familienkasse als Beleg, wenn der Arbeitslose sich alle drei Monate bei der Arbeitsagentur meldet.

Kommen die Eltern ihrer Unterhaltspflicht gar nicht oder nur unregelmäßig nach, können Sohn oder Tochter bei der Familienkasse beantragen, dass das Kindergeld direkt ihnen zugute kommt und nicht auf das Konto der Eltern fließt. Für den Fall müssen Sie bei der Familienkasse einen „Antrag auf Abzweigung" stellen, damit das Geld direkt an Sie gezahlt wird.

BAföG

Leistungen nach dem Bundesausbildungsförderungsgesetz oder kurz BAföG sind vor allem für viele Studierende eine der entscheidenden Hilfestellungen, um überhaupt den Weg an die Hochschule zu gehen. Eine Umfrage des Studentenwerks ergab, dass sich 81 Prozent der Studenten nach eigenen Angaben ohne BAföG das Studium nicht leisten könnten. Bis zu 670 Euro Zuschuss im Monat sind drin. Mehr zur Förderung und zu den Bedingungen lesen Sie ab Seite 173.

Berufsausbildungsbeihilfe

Wenn Sie zum Beispiel eine Berufsausbildung im Betrieb machen oder eine schulische Ausbildung, können Sie als finanzielle Unterstützung Berufsausbildungsbeihilfe, kurz

BAB, bekommen. Ein Zuschuss von mehreren Hundert Euro im Monat ist möglich. Wichtige Voraussetzung für die Zahlung an Sie als Auszubildenden ist, dass Sie aufgrund der Entfernung zum Ausbildungsplatz nicht mehr die Möglichkeit haben, bei Ihren Eltern zu wohnen. Mehr zur Förderung lesen Sie ab Seite 141.

Arbeitslosengeld und Leistungen der aktiven Arbeitsförderung

Wenn Sie erst kurz vor dem Einstieg in das Berufsleben stehen, haben Sie noch keinen Anspruch auf Arbeitslosengeld I. Das können Sie bei Jobverlust erst bekommen, wenn Sie als Angestellter in den vergangenen 24 Monaten mindestens 12 Monate lang Beiträge zur Arbeitslosenversicherung geleistet haben. Anders ist die Regelung beim Arbeitslosengeld II („Hartz IV"), das fließen kann, auch wenn Sie noch nie gearbeitet haben und nun auf der Suche nach einem Ausbildungsplatz sind. Wenn zum Beispiel Ihre Eltern Arbeitslosengeld II beziehen und nicht in der Lage sind, Sie und sich selbst finanziell zu unterhalten, können auch Sie finanzielle Unterstützung bekommen. Arbeitslosengeld II können Personen erhalten, die mindestens 15 Jahre alt, erwerbsfähig sowie hilfebedürftig sind und ihren gewöhnlichen Aufenthaltsort in Deutschland haben. Zuständig für diese Leistungen sind in der Regel aber nicht die Arbeitsagenturen, sondern die Jobcenter. Diese bestehen oft entweder aus Mitarbeitern der Arbeitsagenturen und der Stadtverwaltungen oder werden zum Teil auch nur von den Kommunen geführt.

Selbst wenn Sie keinen Anspruch auf finanzielle Leistungen in Form des Arbeitslosengeldes haben, lohnt es sich für Sie meist trotzdem, spätestens kurz vor Ende der Schulzeit – besser noch gut ein Jahr früher – den Kontakt zur Arbeitsagentur aufzunehmen. Denn Sie haben das Recht auf Leistungen der aktiven Arbeitsförderung. Die Agenturen für Arbeit sind verpflichtet, Jugendlichen, die in das Arbeitsleben einsteigen wollen, Berufsberatung anzubieten. Dazu zählen die individuelle Beratung, aber auch diverse weitere Angebote, zum Beispiel die Berufsinformationszentren (BiZ) vor Ort in den Arbeitsagenturen und diverse Informationsportale im Internet.

 Jobsuche, Beratung, Bewerbung

Über die Seiten www.planet-beruf.de und www.abi.de (speziell für Abiturienten) finden Sie zum Beispiel Hintergrundinformationen zu den unterschiedlichsten Berufen, Interviews und Erfahrungsberichte sowie Hilfestellungen für Bewerbungen.

Einen Termin für die Berufsberatung können Sie unter der Telefonnummer 01801/555 111 vereinbaren (3,9 Cent/Minute aus dem deutschen Festnetz). Gerade wenn Sie auf der Suche nach einem Ausbildungsplatz im Unternehmen sind, sollten Sie zum Ende des vorletzten Schuljahres mit Ihren Vorbereitungen beginnen.

Wenn Sie sich für eine duale Ausbildung (Kombination aus Lernen im Betrieb und Berufsschule) interessieren, haben Sie über die Berufsberatung die Chance, Bewerbungskosten erstattet zu bekommen – zum Beispiel Ausgaben, die für das Erstellen der Unterlagen oder für die Fahrten zum Vorstellungsgespräch angefallen sind. Klären Sie im Gespräch vorher ab, unter welchen Voraussetzungen Sie das Geld erstattet bekommen.

Sinnvoll ist der Besuch bei der Arbeitsagentur außerdem, wenn Sie Ihren Anspruch auf Kindergeld nicht aufs Spiel setzen wollen, weil Sie beispielsweise längere Zeit keinen Ausbildungsplatz finden (→ Seite 29).

Eigenes Geld verdienen

Welche Posten neben den Leistungen der Eltern auf Ihrer Einnahmenseite stehen, hängt ganz entscheidend davon ab, welchen Ausbildungsweg Sie gehen. Als Auszubildender im Betrieb bekommen Sie Ihr festes regelmäßiges Gehalt. Wie viel Sie verdienen und wie lange Sie dafür täglich arbeiten müssen, ist arbeitsvertraglich festgelegt. Und Sie gehen einer sozialversicherungspflichtigen Beschäftigung nach, das heißt, Sie müssen zum Beispiel einen bestimmten Beitrag zur Kranken- und zur Rentenversicherung leisten. Ausführliches lesen Sie dazu ab Seite 136.

Wenn Sie sich gegen die Ausbildung im Unternehmen entscheiden und studieren oder erst einmal „nur" Geld verdienen wollen, kommen dafür mehrere Arten von Jobs infrage, zum Beispiel die folgenden.

Minijob

Wenn Sie in einem Job auf Dauer nicht mehr als 400 Euro verdienen, müssen Sie dafür weder Steuern noch Sozialabgaben zahlen. Das gilt auch, wenn Sie mehrere dieser sogenannten geringfügigen Beschäftigungen annehmen und aus den Jobs zusammen unter der 400-Euro-Grenze bleiben. In dem Fall zahlt der Arbeitgeber pauschal für Sie Beiträge zur Kranken- und Rentenversicherung. Häufig ist es so, dass er auch pauschal 2 Prozent Lohnsteuer für Sie überweist. Sie selbst müssen sich dann um gar nichts mehr kümmern.

Alternativ besteht allerdings auch die Möglichkeit, einen solchen 400-Euro-Job über Steuerkarte abzurechnen. Dann fließt die Lohnsteuer nicht pauschal, sondern wird nach Ihren individuellen Faktoren berechnet. Berücksichtigt wird dann unter anderem, ob Sie verheiratet sind oder Anspruch auf Steuerfreibeträge haben.

Achtung: Für 2011 gibt es keine Lohnsteuerkarte mehr. Wenn Sie aus 2010 noch eine Karte haben, gilt diese für 2011 noch weiter, sodass Sie sie beim Arbeitgeber einreichen können. Wenn Sie keine Karte haben, besorgen Sie sich beim Finanzamt eine Ersatzbescheinigung.

Wenn Sie einen Minijob regelmäßig haben, ist nicht unbedingt entscheidend, dass Sie in jedem Monat tatsächlich nicht mehr als 400 Euro verdienen, sondern entscheidend ist, dass der Bruttoverdienst am Jahresende bei maximal 4800 Euro liegt. Es werden auch Urlaubs- und Weihnachtsgeld mitgezählt! Passen Sie auf, dass Sie auch mit diesen Extrazahlungen in den Grenzen bleiben. Sobald Sie mehr als im Schnitt 400 Euro verdienen, ist es mit der Abgabenfreiheit vorbei. Unter bestimmten Voraussetzungen, zum Beispiel wenn Sie eine erkrankte Kollegin vertreten müssen, ist es auch möglich, dass Sie darüber hinaus verdienen. Lassen Sie sich in solchen Fällen eine Bescheinigung des Arbeitgebers ausstellen.

Midijob

Als Midijob gelten Tätigkeiten, durch die Sie regelmäßig mehr als 400 Euro im Monat, aber weniger als 800 Euro verdienen. Bei einem Einkommen in dieser Höhe benötigen Sie in jedem Fall eine Steuerkarte beziehungsweise für 2011 eine Ersatzbescheinigung des Finanzamts. Ab 2012 sollen die Steuerdaten elektronisch verfügbar sein. Für Ihr Einkommen können Beiträge zu den einzelnen Zweigen der Sozialversicherung fällig werden. Welche und in welcher Höhe hängt unter anderem davon ab, ob Sie Student sind oder nicht.

Wenn Sie die Zeit bis zum Studium überbrücken und sechs Monate lang 600 Euro verdienen, zahlen Sie und Ihr Arbeitgeber jeweils Beiträge zur Kranken-, Pflege-, Renten- und Arbeitslosenversicherung. Die Höhe der Beiträge richtet sich nach dem Einkommen, wobei Sie als Arbeitnehmer einen reduzierten Beitragssatz zahlen. Anders ist die Situation, wenn Sie bereits Student sind und nicht mehr als 20 Stunden in der Woche arbeiten. Wenn Sie regelmäßig ein Einkommen von 600 Euro erzielen, können Sie nicht mehr kostenlos über die Krankenkasse Ihrer Eltern mitversichert werden (⟶ Seite 69), sondern Sie müssen Beiträge für die studentische Kranken- und Pflegeversicherung leisten – zusammen etwa 76 Euro im Monat. Beiträge zur Arbeitslosenversicherung werden nicht fällig. Um die Beiträge zur Rentenversicherung kommen Sie aber auch als Student nicht herum.

Vorteil: Egal ob Student oder nicht – selbst wenn Sie als Arbeitnehmer Sozialversicherungsbeiträge leisten müssen, zahlen Sie bei Jobs in der „Gleitzone" zwischen 400 und 800 Euro Monatsgehalt nur einen reduzierten Beitragssatz. Diesen Vorteil hat Ihr Arbeitgeber allerdings nicht. Er zahlt bei Einkommen über 400 Euro immer den üblichen Arbeitgeberanteil ohne Rabatt. Wie viel Sie selbst als reduzierten Beitrag zahlen müssen, wird anhand einer Formel berechnet. Letztlich läuft es bei dieser Rechnung darauf hinaus, dass für Ihre Sozialversicherungsbeiträge nicht Ihr komplettes Einkommen berücksichtigt wird, sondern dank eines besonderen Rechenfaktors ein niedrigerer Wert.

Ein Beispiel: Die 19-jährige Katrin wartet auf den Studienplatz in Landschaftsarchitektur. Diesen bekommt sie frühestens zum kommenden Sommersemester. Bis es so weit ist, arbeitet sie nach dem Abitur und einem anschließenden Urlaub von August bis Februar im Blumenladen ihrer Tante mit und verdient monatlich 650 Euro. Sie selbst muss dafür 47,34 Euro Krankenkassenbeitrag zahlen, 5,58 Euro für die Pflegeversicherung, 57,02 Euro für die Rentenversicherung und 8,59 Euro für die Arbeitslosenversicherung.

Achtung: Diesen Gleitzonenvorteil gibt es übrigens nicht, wenn Sie eine Berufsausbildung in einem Unternehmen machen und weniger als 800 Euro verdienen. Dann müssen Sie auch als Beschäftigter Ihren vollen Anteil zur Sozialversicherung leisten (⇢ Seite 150).

Kurzfristige Beschäftigung

Die Zeit zwischen Schulabschluss und dem nächsten Ausbildungsabschnitt ist häufig eine gute Gelegenheit, die Kasse aufzubessern. Genauso ist es in den Semesterferien. Ist Ihre Tätigkeit von vornherein auf zwei Monate oder 50 Arbeitstage im Jahr begrenzt, profitieren Sie zumindest als Student oder künftiger Student von der Möglichkeit, Ihr Einkommen zu kassieren, ohne dafür Sozialabgaben leisten zu müssen.

Ein Beispiel: Der angehende Informatikstudent Carsten arbeitet bis zum Studienbeginn im Oktober für zwei Monate in der IT-Abteilung eines Unternehmens und verdient 800 Euro im Monat. Für dieses Gehalt muss er keine Beiträge zur Sozialversicherung leisten. Es handelt sich um eine kurzfristige Beschäftigung, sodass der angehende Student beitragsfrei über die Krankenversicherung seiner Eltern versichert bleiben kann. Arbeitet er in Zukunft regelmäßig neben der Uni für dieses Unternehmen, sollte er darauf achten, nicht mehr als 20 Stunden in der Woche dort beschäftigt zu sein, da sonst unter anderem Beiträge zur gesetzlichen Krankenversicherung fällig werden. Rentenversicherungsbeiträge fallen an, wenn er mehr als 400 Euro im Monat verdient.

Den Vorteil der zwei Monate Arbeit ohne Sozialabgaben haben Sie nicht, wenn Sie die Zeit zwischen Schulabschluss und dem Beginn Ihrer Ausbildung in einem Unternehmen überbrücken. Wenn Sie in der Zeit mehr als 400 Euro monatlich verdienen, müssen Sie Sozialabgaben zahlen.

Ein Beispiel: Christiane beginnt im September ihre Ausbildung zur Fitness-Kauffrau. Nach ihrem Urlaub Ende Juni arbeitet sie im Juli und August am Empfang eines Architekturbüros. Für die 500 Euro Verdienst pro Monat muss sie 29,07 Euro an die Krankenversicherung, 3,37 Euro für die Pflegeversicherung, 34,43 für die Rentenversicherung und 5,20 Euro für die Arbeitslosenversicherung zahlen. Von den 500 Euro Verdienst bleiben somit nur 427,93 Euro übrig.

Praktikum

„Ach, ein Praktikum könnte ja so schön sein: Man verdient erträglich viel und wäre auch gerne bereit, Steuern und Sozialabgaben zu zahlen." Das Erstere klappt leider längst nicht immer, denn viele Praktika bleiben unbezahlt. Wenn Sie doch Geld mit dem Praktikum verdienen, kommt es dann in Sachen Sozialversicherungsbeiträgen darauf an, wann Sie es absolvieren, wie lange es dauert und ob es sich um ein freiwilliges Praktikum handelt oder um ein Praktikum, das Sie absolvieren müssen, weil es in Ihrer Studienordnung vorgeschrieben ist. Da die Regeln sehr unterschiedlich und komplex sind, werden wir für Studenten ausführlich ab Seite 171 darauf eingehen, für Praktika in der Übergangsphase ab Seite 150.

Selbstständige Tätigkeit

Geld verdienen können Sie natürlich auch, wenn Sie nicht angestellt arbeiten, sondern selbstständig tätig sind, zum Beispiel als freier Journalist, als Programmierer oder aber mit einem kleinen Online-Handel oder einem eigenen Verkaufsstand auf dem Wochenmarkt. Als Selbstständiger sind Sie entweder Freiberufler – zum Beispiel freier Übersetzer oder Journalist – oder Sie sind beispielsweise mit einem Online-Handel Gewerbetreibender.

Wenn Sie Ihre selbstständige Tätigkeit aufnehmen, müssen Sie diese beim Finanzamt anmelden. Dort wird dann entschieden, ob Ihre Tätigkeit freiberuflich ist oder ein Gewerbe, mit dem einige zusätzliche Verpflichtungen verbunden sind. Steuern zahlen müssen Sie allerdings je nach Einkommen für beide Arten von selbstständiger Tätigkeit. Wie es mit Sozialversicherungsbeiträgen aussieht, hängt unter anderem davon ab, welchen Beruf Sie ausüben. Wenn Sie beispielsweise neben dem Studium als freier Journalist für eine Zeitung arbeiten, können Sie versicherungspflichtig werden. Sicherheitshalber sollten Sie sich deshalb mit Beginn der Selbstständigkeit bei Ihrer Krankenkasse erkundigen, wie es für Sie weitergeht. Zusätzliche Informationen können Sie auch über Berufsverbände oder die Industrie- und Handelskammer bekommen, wenn Sie dort Ihr Geschäft gemeldet haben.

Keine Angst vorm Finanzamt

Für die Frage, was vom Verdienst eigentlich noch übrig bleibt, ist neben den Sozialversicherungsbeiträgen auch die Steuerpflicht entscheidend. Hier gilt zunächst: Sozialversicherungsbeiträge und Steuern sind zwei Paar Schuhe. Wenn Sie für den Verdienst aus einem Job Sozialabgaben zahlen müssen, heißt das nicht automatisch, dass Sie dafür auch Steuern zahlen. Umgekehrt gilt: Nur weil Sie keine Sozialabgaben leisten müssen, ist der Verdienst nicht automatisch steuerfrei.

Wenn Sie höchstens 400 Euro im Monat verdienen und der Arbeitgeber pauschal Lohnsteuer für Sie überweist, müssen Sie selbst sich um nichts kümmern. Wenn Sie allerdings auf Steuerkarte arbeiten und nach Ihren individuellen Steuermerkmalen beurteilt werden, können Steuern fällig werden.

Ein Beispiel: Wenn Sie in zwei Monaten jeweils 1500 Euro verdienen, muss der Arbeitgeber für Sie 105 Euro Lohnsteuer für den jeweiligen Monat sowie 4,80 Euro Solidaritätszuschlag an das Finanzamt überweisen.

Dieses Geld können Sie sich allerdings häufig zurückholen, wenn Sie nicht das ganze Jahr über in der Höhe verdient haben. Das funktioniert, wenn Sie am Jahresende eine Steuererklärung einreichen. Machen Sie das nicht, verschenken Sie häufig Geld. Denn die im Laufe des Jahres gezahlte Lohnsteuer ist nur eine Art grobe Vorabrechnung. Erst über die Steuererklärung zeigt sich, ob Sie insgesamt ein so hohes Einkommen hatten, dass dafür tatsächlich Steuern fällig werden. Denn die gute Nachricht ist: Nur wenn Sie ein zu versteuerndes Einkommen von mehr als 8004 Euro im Jahr haben, werden überhaupt Steuern fällig. Wenn Sie brutto beispielsweise in zwei Monaten 1200 Euro verdient haben und in den anderen Monaten nur 500 Euro, bleiben Sie weit unter diesem Steuergrundfreibetrag.

> **Was sind eigentlich Werbungskosten?**
>
> Werbungskosten sind Ausgaben, die Sie haben, um überhaupt ein Einkommen erzielen zu können. Also: Damit Sie Geld verdienen können, müssen Sie für die tägliche Fahrt von Ihrer Wohnung in den Betrieb bezahlen. Demnach sind die Ticketkosten für öffentliche Verkehrsmittel Werbungskosten. Fahren Sie mit dem Auto, können Sie für jeden Entfernungskilometer zwischen Wohnung und Arbeit 30 Cent abrechnen (einfache Strecke).
>
> Andere Werbungskosten sind zum Beispiel Gewerkschaftsbeiträge, die Kosten für den Umzug in die Stadt Ihres Ausbildungsbetriebs oder Ausgaben für Arbeitsmittel wie den Bürostuhl zuhause und Fachliteratur, die Sie sich auf eigene Kosten zur Prüfungsvorbereitung kaufen. (Mehr zur Werbungskostenpauschale ⇢ Seite 152.)

Und selbst wenn Ihr Bruttogehalt über 8004 Euro im Jahr liegt, heißt das noch längst nicht, dass Sie für dieses Jahr Steuern zahlen müssen. Denn zwischen Bruttogehalt und zu versteuerndem Einkommen liegt ein großer Unterschied: In der Steuererklärung muss das Finanzamt zahlreiche Posten berücksichtigen, zum Beispiel Ausgaben für den Weg zur Arbeit oder für eine berufliche Fortbildung und andere Werbungskosten, Versicherungsbeiträge und Spenden. All das sorgt dafür, dass selbst bei einem Bruttoeinkommen von mehr als 8004 Euro das Finanzamt trotzdem letztlich leer ausgeht und Ihnen Ihre vorab gezahlte Lohnsteuer erstatten muss.

Die Ausgaben

Ob die Einnahmen reichen, hängt ganz entscheidend davon ab, wofür Sie sie benötigen. Leben Sie auch als Auszubildender oder Student bei den Eltern, sparen Sie sich mit der Miete für eine eigene Wohnung oder die WG einen wichtigen Posten auf der Ausgabenseite. Selbst wenn Sie mit Ihren Eltern einen Anteil für die Miete, für Lebensmittel oder Telefonanschluss vereinbaren, kommt im Vergleich zur eigenen

Wohnung doch eine enorme Summe zusammen, die jeden Monat auf Ihrem Konto bleibt (mehr zu den Ausgaben für die eigene Wohnung: ⇢ ausführlich ab Seite 90).

Gerade wenn Sie noch in der Ausbildung sind, profitieren Sie außerdem von diversen Vergünstigungen. Sie können sich unter bestimmten Voraussetzungen von der GEZ-Gebühr befreien lassen, können günstiger ins Kino oder Theater gehen, bekommen häufig Preisnachlässe für Bus und Bahn oder können einen billigeren Telefon- und Internettarif abschließen. Um zu sparen, lohnt es sich außerdem, wenn Sie sich die Zeit nehmen, Ihre Unterlagen zu durchforsten und die Ausgaben loswerden, die Ihnen gar nichts mehr bringen: Nutzen Sie das Fitnessstudio tatsächlich noch so häufig, dass sich die Mitgliedschaft lohnt, oder bietet sich der günstige Hochschulsport als Alternative an? Wollen Sie noch Mitglied im Sportverein Ihrer Heimatstadt bleiben, auch wenn Sie nur noch dreimal im Jahr vor Ort sind? Benötigen Sie dort noch die Mitgliedskarte für die Stadtbibliothek? Gerade nach einem Umzug kann ein klarer Schnitt helfen, überflüssige Kosten zu sparen.

Überall mobil? Kostenfallen vermeiden

Trotz allem bleiben natürlich einige Posten, auf die man nicht verzichten kann oder will. Bestes Beispiel dafür dürfte das Handy sein. Mal kurz im Netz was nachgucken, eben die E-Mails checken oder regelmäßig SMS verschicken – egal ob Vertrag oder prepaid – das Handy kann richtig teuer werden. Doch auch hier gilt: Meistens lohnt es sich, wenn Sie nicht alles beim Alten lassen und regelmäßig nachschauen, ob es nicht einen günstigeren Tarif gibt, der zum eigenen Telefon-, SMS- und Surfverhalten passt.

Preisvergleich. Es klingt banal, aber wenn Sie den für Sie passenden Tarif erwischen, kann das bares Geld wert sein.

Nutzen Sie Vergleichsportale im Internet, um den für Sie passenden Tarif zu finden, zum Beispiel www.verivox.de, www.toptarif.de.

Kündigungsfristen. Wenn Sie einen Handyvertrag haben, schauen Sie nach, wann Sie dort herauskommen, und kündigen Sie früh genug, wenn Sie wechseln wollen.

Flatrate. Zunächst: Benötigen Sie die Flatrate wirklich oder telefonieren, surfen und „simsen" Sie gar nicht so viel, dass Sie die verlangte Gebühr verbrauchen? Wenn Sie glauben, dass die Flatrate sich lohnen kann, prüfen Sie, was enthalten ist und was an Extrakosten noch dazukommen kann.

Internet. Schauen Sie sich die Bedingungen für die Internetnutzung an. Können Sie unbegrenzt surfen, oder gilt ein Datenlimit? Wie rechnet der Anbieter ab: pro Minute oder Datenmenge? Passt all das zu den Bedingungen, zu denen Sie das Handy nutzen wollen?

Über die Grenzen hinaus

Eine teure Überraschung können Sie außerdem vermeiden, wenn Sie im Urlaub aufpassen, was Sie alles mit dem Handy machen. Auch wenn zumindest innerhalb der EU die Kosten in den vergangenen Jahren deutlich gesunken sind, bleibt es trotzdem noch ein teurer Spaß, wenn Sie Urlaubsfotos per Handy nach Hause schicken oder regelmäßig in Deutschland anrufen. Ab dem 1. Juli 2011 kostet ein Anruf vom Strand in Mallorca nach Deutschland 41 Cent pro Minute, im August 2007 waren es noch 58 Cent. Für einen eingehenden Anruf auf dem deutschen Handy in Spanien sind noch 13 Cent erlaubt, eine versendete SMS darf ebenfalls 13 Cent kosten, inklusive Mehrwertsteuer.

Tiefer in die Tasche greifen müssen Sie fürs Surfen mit dem Handy: Wenn Sie mit Ihrem deutschen Handy im Spanienurlaub im Internet surfen und das dortige Netz nutzen, darf der spanische dem deutschen Netzbetreiber 50 Cent pro Megabyte an übermittelten Daten in Rechnung stellen. Wie viel Sie dafür zahlen müssen, ist damit allerdings noch nicht gesagt, denn die deutschen Anbieter entscheiden selbst, wie viel sie ihren Kunden in Rechnung stellen.

Eine gewisse Kostengrenze besteht allerdings: Seit 2010 gilt zumindest innerhalb der EU, dass die Kosten für die Internetnutzung im Ausland nicht mehr als 59,50 Euro monatlich betragen dürfen, wenn Sie sich als Kunde nicht aktiv gegen diesen sogenannten Euro-Tarif entschieden haben. Sind Sie per Handy so viel gesurft, dass Sie bereits 80 Prozent der maximal möglichen Kosten verbraucht haben, erhalten Sie eine Warn-SMS. Ist das Polster komplett verbraucht, sperrt der Netzbetreiber die Übermittlung. Dann könnten Sie nur noch weiter surfen, wenn Sie die Sperre von sich aus aufheben lassen.

 Surf-Fallen
Weitere Informationen zu möglichen Abo-Fallen und andere Tipps rund um den Umgang mit Internet und Handy finden Sie im Internet unter www.checked4you.de, Rubrik Computer + Internet.

Sparen können Sie, wenn Sie SMS im Ausland schicken anstatt anzurufen. Oder wenn Sie vereinbaren, wann Sie angerufen werden können. Schalten Sie außerdem die Mailbox aus. Und verzichten Sie wenn möglich während Ihrer Reisen aufs Surfen per Handy. All das gilt umso mehr, wenn Sie nicht in der EU unterwegs sind, sondern zum Beispiel in Thailand oder Ägypten – und in der Schweiz. Denn dort gelten die Preisgrenzen nicht.

Der Schein kann trügen

Auch an anderen Stellen gibt es noch die eine oder andere Kostenfalle. So ist nicht alles, was an Dienstleistungen im Internet „gratis" angeboten wird, tatsächlich kostenlos. Achten Sie deshalb genau auf die AGB (Allgemeinen Geschäftsbedingungen) und auf mögliche Haken, wenn Sie mit vielversprechender Werbung gelockt werden. Sonst haben Sie womöglich ein Abo oder einen Vertrag in der Tasche, den Sie gar nicht wollten.

Immer flüssig: Konto und Karten

Wenn Sie Ihre Handyrechnung bezahlen wollen, wenn Sie Ihr Gehalt überwiesen bekommen möchten oder wenn Sie Ihre Miete überweisen müssen: Für all diese Schritte ist das Girokonto unverzichtbar. Sie benötigen es als Student, Auszubildender oder Au-pair in Frankreich, um Rechnungen begleichen zu können und immer flüssig zu bleiben.

Solange Sie Ihre Ausbildung noch nicht abgeschlossen haben, bieten die meisten Banken ein kostenloses Girokonto. Wenn Sie Bescheid sagen, dass Sie zum Beispiel ab Oktober mit dem Studium beginnen, können Sie bei zahlreichen Banken und Sparkassen kostenlos Überweisungen tätigen, Daueraufträge einrichten und Geld abheben.

Wenn Sie volljährig und beispielsweise noch nicht durch hohe Schulden aufgefallen sind, sollten Sie problemlos ein eigenes Konto eröffnen können. Sie unterschreiben die Unterlagen für das Konto selbst, bekommen die entsprechenden Karten dazu und können Ihre Geldgeschäfte erledigen. Wenn es nötig ist, dürfen Sie das Konto sogar überziehen. Sollten Sie noch keine 18 Jahre alt sein, kommen Sie nicht ohne die Unterstützung der Eltern zu Ihrem eigenen Konto (⇢ Seite 13).

Das passende Konto finden

Auch wenn das Girokonto für Sie bei vielen Banken erst einmal kostenlos ist, sollten Sie dennoch genauer hingucken.

☐ **Was gibt es alles kostenlos zum Konto dazu?**

- Eine Girocard (früher „ec-Karte") benötigen Sie, um an Geldautomaten Bargeld zu bekommen oder auch, um in Geschäften bargeldlos bezahlen zu können. Diese Karte zum Konto bekommen Sie meist kostenlos dazu, es kann aber auch sein, dass die Bank eine Gebühr dafür verlangt. Manche Banken bieten darüber hinaus auch noch eine kostenlose Kreditkarte an, andere Banken verlangen dafür eine Jahresgebühr von zum Beispiel 10 oder 20 Euro.

☐ Gilt das kostenlose Konto tatsächlich für Sie?

Im Kleingedruckten eines Angebots für ein „0-Euro-Konto" finden Sie eventuell noch Hinweise, durch die das vermeintliche Kontoschnäppchen doch nicht so günstig ist. Es gibt Banken, die ein kostenloses Konto beispielsweise nur für Kunden anbieten, bei denen jeden Monat eine bestimmte Mindestsumme auf dem Konto eingeht. Spätestens wenn Sie Ihre Ausbildung abgeschlossen haben, könnte eine solche Regelung im Kleingedruckten dafür sorgen, dass Sie für das „kostenlose" Konto doch zahlen müssen.

☐ Wie ist die Bank erreichbar?

Überregionale Banken wie etwa die Deutsche Bank, die Commerzbank oder die Postbank sind deutschlandweit mit Filialen vertreten. Wenn Sie hingegen zum Beispiel bei einer Regionalbank in der Nähe von Hamburg Kunde sind und dann zum Studium nach Freiburg ziehen, werden Sie vor Ort keinen direkten Ansprechpartner in einer Filiale mehr finden. Wenn Ihnen das nicht wichtig ist, weil Sie beispielsweise sowieso Ihre Bankgeschäfte online erledigen, haben Sie keine Nachteile, wenn Sie bei Ihrer alten Bank bleiben. Wenn Sie jedoch regelmäßig einen Ansprechpartner vor Ort haben wollen, sollten Sie am neuen Wohnort nach einer neuen Bank suchen.

☐ Wo kann ich Bargeld bekommen?

Am Automaten der eigenen Bank können Sie als Kunde mit Girokonto kostenlos Bargeld bekommen. Bargeld bekommen Sie außerdem kostenlos an den Automaten, die zum Verbund der eigenen Bank zählen. Das größte Netz an Geldautomaten betreiben in Deutschland die Spar-

✖ Gebühren fürs Fremdgehen

Achten Sie beim Geldabheben darauf, ob die besuchte Bank tatsächlich zum Verbund Ihrer Bank gehört. Auch wenn die Gebühren für das „Fremdgehen" bei den Banken zum Teil gesenkt worden sind, verschenken Sie womöglich immer noch einige Euro je Abhebung, wenn Sie am falschen Automaten sind. Übrigens: Der Automat zeigt Ihnen beim Abheben an, welche Gebühren fällig werden.

kassen mit knapp 25 000 Geräten, gefolgt von den Volks- und Raiffeisenbanken. Auch die überregionalen Geldinstitute haben sich zu verschiedenen Verbünden zusammengeschlossen, sodass Sie nicht immer die Filiale „Ihrer" Bank suchen müssen. Wenn Sie zum Beispiel Kunde der Deutschen Bank sind, bekommen Sie unter anderem auch an einem Automaten der Norisbank oder der Postbank kostenlos Geld, denn diese drei Banken gehören mit einigen weiteren zum selben Automatenverbund.

☐ Ist im Ausland kostenlos an Bargeld zu kommen?

Wenn Sie genau wissen, dass Sie zum Beispiel ab dem nächsten Jahr länger in Österreich studieren werden oder ein langes Praktikum in Südafrika absolvieren, erkundigen Sie sich vor Kontoeröffnung, wie die Möglichkeiten sind, im Ausland kostenlos Bargeld beziehen zu können. Fragen Sie bei Ihrer Bank nach und erkundigen Sie sich auch im Freundeskreis, bei welcher Bank jemand ist und wie die Möglichkeiten dort zum Abheben sind. Wenn Sie für das Geldabheben in Südafrika jedes Mal 5 Euro zahlen müssen, wird das bei einem Halbjahrespraktikum auf die Dauer ziemlich teuer.

i Konto kündigen

Wenn Sie feststellen, dass Sie nicht das passende Girokonto haben, können Sie dieses jederzeit kündigen. Sie müssen nicht einmal eine besondere Frist einhalten. Bevor Sie kündigen, sollten Sie allerdings eine neue Bank haben, damit der Wechsel Ihrer Geldgeschäfte problemlos klappt. Viele Banken helfen auch bei den Formalitäten rund um den Kontowechsel.

Das Konto nutzen

Wenn Sie Ihr ideales Konto gefunden haben, können Sie über dieses Ihre gesamten Bankgeschäfte erledigen. Hier einige der wichtigsten Vorgänge, für die Sie das Konto benötigen:

Überweisung. Sie schulden jemandem Geld, zum Beispiel, nachdem Sie Ihrem Vormieter die Küche abgekauft haben? Diese Schuld können Sie mithilfe einer Überweisung von Ihrem Konto auf das des Gegenübers begleichen. Überweisungen eignen sich, um einmalig oder gelegentlich Geld an jemand anders zu übermitteln. Sie legen selbst fest, wann das Geld übermittelt werden soll.

> **Zahlen können tückisch sein**
>
> Wenn Sie einen Zahlendreher in die Kontonummer des Geldempfängers einbauen oder wenn Sie eine zu hohe Summe eintragen, haben Sie das Problem: Sobald die Überweisung von Ihnen freigegeben wurde, können Sie sie nicht mehr zurückrufen. Wenn Sie Glück haben, können Sie mithilfe der Bank noch den falschen Empfänger ermitteln und mit ihm Kontakt aufnehmen.

Dauerauftrag. Sie wissen, dass Sie Ihrem Vermieter jeden Monatsanfang 280 Euro zahlen müssen? Bequem ist es, wenn Sie die Bank beauftragen, diese Summe beispielsweise immer am 29. eines Monats von Ihrem Konto abzubuchen. Wie bei einer einzelnen Überweisung gilt, dass das Geld, das Sie per Dauerauftrag überweisen, nicht mehr zurückholen können, wenn es einmal abgebucht ist.

Einzugsermächtigung. Sie beauftragen ein Unternehmen, zum Beispiel den Telefonanbieter oder den Stromversorger, Geld von Ihrem Konto einzuziehen. Dazu können Sie dem Anbieter eine Einzugsermächtigung erteilen. Diese Form des sogenannten Lastschrifteinzugsverfahrens bietet sich an, wenn Sie regelmäßige Zahlungen in unterschiedlicher Höhe leisten müssen. Wenn Sie die Einzugsermächtigung gegeben haben, haben Sie danach noch sechs Wochen lang die Möglichkeit, die Lastschrift zurückzugeben. Dann bekommen Sie das Geld zurück.

Abbuchungsverfahren. Weniger flexibel sind Sie beim Abbuchungsverfahren. Hier beauftragen Sie nicht ein Unternehmen, sondern Sie beauftragen die Bank, den entsprechenden Betrag von Ihrem Konto abzubuchen und auf dem Konto des Geldempfängers zu verbuchen. Mit diesem Verfahren zahlt man beispielsweise Internetkäufe per Kreditkarte. Anders als beim Dauerauftrag ist das nur ein einmaliger Vorgang. Ist das Geld dann auf dem Konto des Empfängers gutgeschrieben, können Sie es nicht mehr zurückholen. Wenn Sie also beispielsweise aus Versehen einen zu hohen Wert bei der Abbuchung angegeben haben, können Sie das Geld nur über den Geldempfänger zurückbekommen. Sie haben das Risiko, dass Sie womöglich lange oder auch erfolglos auf Ihr Geld warten müssen.

Wertvolle Daten

All diese Bankgeschäfte wird kaum einer von Ihnen noch beim Besuch in Ihrer Hausbank-Filiale erledigen. Online-Banking ist schließlich bequemer. Doch wenn Sie alles im Netz erledigen, sind Sie attraktiv für alle, die es auf Ihr Geld abgesehen haben. Seit Jahren finden sich immer wieder neue Varianten für „Phishing" – für den Versuch, an Ihre Kontodaten und damit an Ihr Geld zu kommen.

Häufig versuchen es die Datenfischer mit Spam-E-Mails, die falsche Links enthalten. Als ahnungsloser Nutzer werden Sie dann nicht auf die Website Ihrer Hausbank gelotst, sondern auf eine nachgebaute Variante. Dort werden Sie dann aufgefordert, Kontonummer und PIN einzugeben.

Selbst wenn Sie sich kaum vorstellen können, auf so einen Trick hereinzufallen, weil Sie alle vermeintlichen Spam-Mails gleich löschen und vorsichtig mit Ihren Daten umgehen, nennen wir sicherheitshalber doch ein paar Hilfestellungen, um das Risiko zu senken, dass Sie Ihre Daten ungewollt freigeben:

☐ Antiviren-Software
■ Installieren Sie eine aktuelle Software auf Ihrem Rechner und achten Sie darauf, dass regelmäßig Updates gemacht werden.

☐ Eintippen
■ Geben Sie die Internet-Seite Ihrer Bank selbst ein und folgen Sie nicht einem Link, der Ihnen, in welcher Form auch immer, zugesendet wird.

☐ Misstrauen
■ Wundern Sie sich, wenn Sie Post von der Bank bekommen, obwohl sie Ihnen sonst nie schreibt. Und werden Sie noch misstrauischer, wenn Sie dort auch noch aufgefordert werden, Ihre Kontodaten einzugeben. Niemand von Ihrer Bank wird Sie per Mail auffordern, irgendwelche geheimen Daten einzugeben!

☐ Auslandsaufenthalt
■ Wenn Sie im Ausland sind, erledigen Sie Ihre Bankgeschäfte wenn möglich nicht von einem öffentlichen Computer in einem Internet-Café.

☐ Kontoauszüge
■ Kontrollieren Sie die Kontoauszüge, die Sie bekommen. Wenn Ihnen ungewöhnliche Abbuchungen auffallen, sprechen Sie sofort mit Ihrer Bank.

☐ Notbremse
■ Sollten Sie trotz aller Vorsicht Opfer einer Phishing-Attacke geworden sein, handeln Sie schnell. Wenn Sie die PIN irgendwo eingegeben haben und plötzlich skeptisch werden, versuchen Sie umgehend, diese Nummer zu ändern.

Sprechen Sie sofort mit der Bank, dass der Onlinezugang und das Konto gesperrt werden. Erstatten Sie Anzeige bei der Polizei und leiten Sie ihr und Ihrer Bank die Mail, auf die Sie hereingefallen sind, weiter, um die Ermittlungen zu unterstützen.

Die Karten zum Konto

Passend zu Ihrem Konto können Sie diverse Karten dazubekommen. Mit der Girocard (besser bekannt als „ec-Karte") können Sie kostenlos an Bargeld kommen und auch Ihre Kontoauszüge selbst ausdrucken. Sie können diese Karte außerdem nutzen, um im Geschäft bargeldlos zu bezahlen.

Wenn Sie den sogenannten Geldchip auf Ihrer Karte nutzen, haben Sie praktisch Ihre eigene elektronische Geldbörse. Mit dem Geld auf der Karte können Sie zum Beispiel an bestimmten Automaten wie etwa in einer Kantine oder Mensa kleinere Summen begleichen.

Geld abheben und bargeldlos bezahlen können Sie auch mit einer Kreditkarte. Die meisten Kreditkarten funktionieren in Deutschland so, dass beim Bezahlen mit dieser Karte nicht gleich Ihr Girokonto belastet wird. Stattdessen erhalten Sie eine Art Zahlungsaufschub, sodass erst zum Monatsende die geschuldete Summe von Ihrem Konto eingezogen wird. Sie bekommen das Minus für Ihr Konto also nicht gleich zu spüren. Womöglich verleitet das dann aber dazu, mehr auszugeben als eigentlich geplant war.

Noch kritischer wird es, wenn Sie eine Kreditkarte mit Revolving-Funktion bekommen. Das Problem: Wenn Sie mit einer solchen Karte bezahlen, wird Ihnen zum Monatsende nur ein Teil der geschuldeten Summe automatisch eingezogen. Die restliche Summe, die die Bank nicht automatisch von Ihrem Konto einzieht, wird in einen richtigen Kredit umgewandelt,

> ❌ **Notruf 116 116**
>
> Irgendwo auf der Straße in Deutschland oder im Hostel in Neuseeland wird Ihnen die Geldbörse inklusive sämtlicher Karten zu Ihrem Konto geklaut? Dann sollten Sie keine Zeit verlieren, die Karten zu sperren. Für die Kunden der meisten Banken ist die Rufnummer 116 116 die richtige, um die gestohlenen Karten sperren zu lassen. Wer aus dem Ausland anruft, wählt die Ländervorwahl für Deutschland (00 49) vorweg. Diese Nummer ist in der Regel auch per Handy erreichbar.
>
> Leider gilt diese Notrufnummer aber nicht für alle Banken, einige Institute haben eigene Notrufnummern. Klären Sie früh genug, an wen Sie sich im Ernstfall wenden müssen. Die Kartensperrung ist kostenlos.

für den Sie Zinsen zahlen müssen. Wenn Sie verhindern wollen, dass die Restsumme in einen Kredit umgewandelt wird, müssen Sie dies durch eine kostenlose Sondertilgung des Kredits selbst veranlassen, automatisch läuft das nicht. Und je länger Sie nicht ausgleichen, desto größer wird die zu zahlende Summe aufgrund des Zinseszinseffekts.

Solche Revolving-Kreditkarten bergen somit auf der einen Seite das Risiko, dass Sie mehr ausgeben als Sie wollten – Sie bekommen es ja erst einmal nicht direkt zu spüren. Und außerdem halsen Sie sich mit den Zinsen zusätzliche Zahlungen auf, wenn Sie nicht früh genug aktiv werden. Den Banken kann diese Trägheit der Kunden, die keine Sondertilgung des restlichen Kredits veranlassen, nur recht sein.

Wenn das Geld knapp wird

Selbst wenn regelmäßig Geld auf das Konto kommt und man wohlüberlegt wirtschaftet, kann es mal eng werden, wenn plötzlich das Auto repariert werden muss, Sie sich ein neues Notebook anschaffen wollen oder Möbel für die erste Wohnung benötigen. Die Banken bieten verschiedene Arten von Krediten an, um den Engpass zu überbrücken:

Dispo-Kredit

Am bequemsten ist es, bei einem vorübergehenden Engpass das Girokonto zu überziehen. Der Dispo macht es möglich, wenn es sein muss, auch mal eine Zeit im Minus hängen zu bleiben. Doch bequem heißt hier auf keinen Fall günstig. Denn gerade die Dispo-Zinsen sind für die Banken ein gutes Geschäft. Sie verlangen häufig Zinssätze, die weit über dem liegen, was sie selbst ihren Kunden als Zins für ihr Erspartes zahlen. Dispo-Zinssätze von 10 Prozent sind keine Seltenheit. Manche Bank kassiert sogar 14 Prozent oder noch mehr.

Ein Beispiel: Kristin benötigt Geld, um sich ein Bett samt Matratze und Lattenrost für ihre erste eigene Wohnung zu kaufen. Sie will Ihre Eltern nicht schon wieder fragen und überzieht stattdessen ihr Konto und rutscht mit 400 Euro ins Minus. Sie schafft es nicht, von ihrem Lehrlingsgehalt schnell genug etwas zurückzulegen, sodass sie ein halbes Jahr bei dem Minus von 400 Euro hängen bleibt. Dafür verlangt die Bank 11 Prozent Dispo-Zinsen – das macht immerhin 22 Euro für das halbe Jahr. Schafft sie es erst nach einem Jahr, das Minus loszuwerden, sind insgesamt sogar 44 Euro weg.

Die Banken legen vorab fest, wie weit der Kunde sein Konto überziehen darf. Rutschen Sie noch tiefer ins Minus – also über den vereinbarten Dispo-Rahmen hinaus, geht der Zinssatz noch einmal höher. Für die sogenannte geduldete Überziehung kassieren die Banken zum Teil deutlich mehr als 15 Prozent Zinsen.

Achtung: Überziehen Sie Ihren Dispo ohne vorherige Absprache mit Ihrem Kundenberater, kann die Bank in diesem Fall ganz ohne Vorwarnung Ihre ec-Karte im Geldautomaten einbehalten. Der Schreck sitzt dann richtig tief und der Gang zu einem Klärungsgespräch in die Bank fällt besonders schwer.

Wenn es Ihnen gelingt, das Minus möglichst schnell loszuwerden, kostet Sie die Kontoüberziehung „nur" die fälligen

Zinsen. Doch Vorsicht! Die Bank kann den Dispo jederzeit ohne Angabe von Gründen ganz oder teilweise fristlos – also mit sofortiger Wirkung – kündigen. Dann bekommen Sie von dem Geld, das über das Konto geht (mit Ausnahme von Sozialleistungen) keinen einzigen Cent ausgezahlt bis die Schulden weg sind. Der Dispo beinhaltet bei all seinen „Vorteilen" also auch ein sehr großes Risiko. Selbst wenn die Bank schrittweise vorgeht und nicht alles auf einmal verlangt, kann es für Sie richtig eng werden, wenn plötzlich kein Geld mehr da ist, um Miete, Telefon oder Strom zu bezahlen.

Wenn Sie fürchten, dass Ihre Bank wegen Ihres Dispos langsam ungeduldig werden könnte, wäre eine Möglichkeit, Ihre Einnahmen über ein Konto bei einer anderen Bank laufen zu lassen. Dann kann die Bank, bei der Sie im Minus stecken, nicht darauf zugreifen, und Sie bestimmen selbst, was aus Ihren Einnahmen wird. Das Problem des dicken Minus auf dem Konto werden Sie damit aber natürlich noch nicht los, sodass Sie zusehen sollten, die Schulden stufenweise abzubauen.

Ratenkredit

Günstiger als der Dispo ist es in der Regel, mit der Bank einen Ratenkredit zu vereinbaren. Dann schließen Sie einen richtigen Kreditvertrag ab, in dem festgelegt ist, zu welchem Zins und in welchen Raten Sie die geliehene Summe zurückzahlen müssen. Umsonst leiht die Bank Ihnen das Geld natürlich nicht, doch Sie können zumindest planen, was in den nächsten Monaten oder Jahren auf Sie zukommt, wenn Sie sich Ihr erstes eigenes Auto kaufen wollen oder das neue Notebook dringend benötigen.

Wie viel Sie letztlich für Ihren Kredit zahlen müssen, gibt der **Effektivzins** an. Er umfasst neben dem verlangten Zinssatz auch mögliche Nebenkosten des Kredits. Solche Nebenkosten können zum Beispiel durch eine Restschuldversicherung oder Kontoführungsgebühren anfallen. Wenn Sie einen sol-

> **Nominalzins – Effektivzins**
>
> Der Nominalzins gibt an, welchen Zinssatz Sie jährlich für Ihren Kredit bei einer Bank zahlen müssen. Bei dieser Belastung muss es aber nicht bleiben: Kommen zusätzliche Gebühren für den Kredit hinzu oder auch die Ausgaben für eine Restschuldversicherung, steigt die Belastung für denjenigen, der den Kredit benötigt. Die Banken sind deshalb verpflichtet, bei Abschluss des Kreditvertrags den Effektivzins mit anzugeben. In den Effektivzins sind die meisten für den Kredit anfallenden Kosten mit einbezogen. Wenn Sie Kreditangebote vergleichen, sollten Sie sich überwiegend nach dem Effektivzins richten.

chen Kreditvertrag abschließen wollen, sollten Sie sich vorher die Zeit nehmen, Angebote zu vergleichen, denn schon ein etwas niedriger Zinssatz macht sich hinterher auf Ihrem Konto positiv bemerkbar.

Achtung: Benötigen Sie den Kredit tatsächlich? Sprechen Sie vor der Unterschrift unter den Kreditvertrag mit Ihren Eltern oder auch guten Freunden und überlegen Sie, ob es nicht noch eine Alternative gibt. Vielleicht wird Ihnen klar, dass der gewünschte Kauf doch noch warten kann, oder Sie finden einen Geldgeber im Familienkreis, der zwar sein Geld irgendwann zurückhaben möchte, aber auf Zinsen verzichtet.

> **Restschuldversicherung**
>
> Eventuell bekommen Sie einen Kredit nur, wenn Sie gleichzeitig eine Restschuldversicherung abschließen. Der Versicherer springt ein, wenn Sie beispielsweise Ihre Arbeit verlieren, krank werden oder sterben, sodass Sie oder Ihre Angehörigen die Kreditraten nicht mehr aufbringen können. Dann übernimmt der Versicherer die ausstehenden Zahlungen, und die Bank kommt doch noch zu ihrem Geld.
>
> Die Restschuldversicherung ist oft sehr teuer und wird wegen einer gesetzlichen Besonderheit von den Banken meist nicht in den Effektivzins eingerechnet. Berücksichtigen Sie dies bei einem Vergleich und verhandeln Sie, ob man nicht wegen anderer Sicherheiten (etwa einer bestehenden Lebensversicherung) auf die Restschuldversicherung verzichten kann.

Abrufkredit

Anders als beim Ratenkredit ist bei dieser Form des Darlehens nicht von vornherein festgelegt, wann Sie welche Summe zurückzahlen müssen. Bei einem Abrufkredit stellt die Bank Ihnen einen bestimmten Kreditrahmen zur Verfügung, bei dem Sie allerdings frei entscheiden können, wie viel Sie davon nutzen und in welchen Raten und Abständen Sie Ihre Schulden tilgen. In der Regel ist aber vorgegeben, welche Summe Sie zumindest jeden Monat zurückzahlen müssen. Anders als der Dispo ist der Abrufkredit, der in der Regel etwas günstiger ist, nicht an Ihr Girokonto gebunden, sodass Sie ihn auch bei einer anderen Bank nutzen können.

Risiko: Kauf auf Pump

So unterschiedliche Bedingungen für die einzelnen Kreditvarianten auch gelten, eins gilt für alle gleichermaßen: Wenn Sie auf Kredit kaufen, ist die Gefahr da, dass Sie über Ihre Verhältnisse leben und irgendwann in die Schuldenfalle abrutschen. Solange Sie finanziell so dastehen, dass Sie das geliehene Geld auch zurückzahlen können und zusätzlich noch ein Polster haben, wenn Sie Geld für unvorhergesehene Ereignisse wie einen kaputten Kühlschrank haben, ist es unproblematisch, kurz- oder auch langfristig auf einen Ratenkauf zurückzugreifen. Aber was, wenn Sie nach der Ausbildung keinen weiteren Arbeitsplatz finden und trotzdem noch die Kreditraten für Ihren Flachbildfernseher abbezahlen müssen? Was, wenn Sie wegen Krankheit monatelang Ihren Nebenjob zum Studium nicht mehr machen können und noch auf den Raten für die Urlaubsreise im letzten Sommer sitzen? Durch unvorhergesehene Ereignisse wie Jobverlust, Krankheit oder Trennung kann der Finanzierungsplan vollkommen aus der Bahn kommen. Und wenn Sie dann die fälligen Raten nicht zahlen, gibt es die ersten Mahnungen, Mahngebühren und irgendwann womöglich Post vom Gericht mit einem gerichtlichen Mahnbescheid. Wer tief in die

> **i Überschuldung**
>
> Im Armuts- und Reichtumsbericht der Bundesregierung ist Überschuldung so definiert: Ein Privathaushalt ist dann überschuldet, wenn Einkommen und Vermögen aller Haushaltsmitglieder über einen längeren Zeitraum trotz Reduzierung des Lebensstandards nicht ausreichen, um fällige Forderungen zu begleichen. Als häufigste Ursachen einer Überschuldung gelten Arbeitslosigkeit, Trennung und Scheidung sowie eine gescheiterte Selbstständigkeit. Auch eine unwirtschaftliche Haushaltsführung und Krankheiten gelten als Auslöser der Überschuldung.

roten Zahlen gerutscht ist, hat es häufig schwer, aus diesem Schlund der Überschuldung aus eigener Kraft wieder herauszukommen.

Umso wichtiger ist es, sich früh genug Hilfe zu holen – am besten, bevor der Schuldenberg Sie erdrückt. Ansprechpartner für eine Schuldnerberatung sind neben den Verbraucherzentralen zum Beispiel Wohlfahrtsverbände wie Caritas und Diakonie (Adressen finden Sie ab Seite 201). Hilfe können Sie auch über das Sozial- oder Jugendamt Ihres Wohnorts bekommen. Bei all diesen Ansprechpartnern ist die Schuldnerberatung kostenlos. Nachteil: Sie müssen womöglich mit langen Wartezeiten rechnen, da der Andrang so groß ist. Umso mehr gilt, dass Sie sich möglichst früh um Unterstützung kümmern sollten.

Dort, wo Sie Geld zahlen sollen, damit man Ihnen bei Ihren Geldproblemen hilft, sollten Sie sehr genau prüfen, ob dies ein seriöses Angebot ist. Eine Checkliste der Verbraucherzentralen kann Ihnen dabei Hilfestellung geben: **www.vz-nrw.de**, Rubrik Finanzen, Verbraucherdarlehen, Kredite und Darlehen.

Achtung: Finger weg heißt es bei „Krediten ohne Schufa" und ähnlich vermeintlich „einfachen" Lösungen. Diese sind oft teuer und vergrößern das Problem meist nur.

Wie lässt sich Überschuldung vermeiden?

Lassen Sie es wenn möglich gar nicht so weit kommen und überlegen Sie sich vor jeder größeren Anschaffung, ob sie zu Ihrem Budget passt und ob Sie realistisch in der Lage sind, auch zu bezahlen.

Einnahmen und Ausgaben im Blick. Verschaffen Sie sich einen Überblick über Ihre Einnahmen und Ausgaben. Unter **www.meine-schulden.de** können Sie einen Haushaltsplan herunterladen, in den Sie eintragen, aus welchen Quellen Ihnen Geld zur Verfügung steht und wofür Sie es ausgeben.

Notfälle einplanen. Wenn Sie vor der Frage stehen, ob Sie sich die Reise, das Smartphone oder den Motorroller leisten können, überlegen Sie sich, ob Sie die Kreditraten auch noch tilgen können, wenn Ihre Einnahmen sinken (zum Beispiel Jobverlust) oder wenn unvorhergesehene Ausgaben (zum Beispiel Autoreparatur) auf Sie zukommen.

Verlockender Werbung widerstehen. Die Banken werben damit, dass Sie sich mit ihrer Hilfe Träume erfüllen können. Das klingt toll, wenn Sie selbst das Geld für Ihre Träume gerade nicht parat haben. Aber können Sie sich einen Kredit und die damit verbundenen Kosten wirklich leisten? Viel günstiger wäre es, wenn Sie noch nicht jetzt das iPhone mit geliehenem Geld kaufen, sondern noch warten und dann auf Ersparnisse zurückgreifen können: Die Zinsen für geliehenes Geld sind höher als die für Erspartes. Aber auch bei sogenannten „0-%-Finanzierungen" müssen die Raten gezahlt werden. Überziehen Sie besser nicht Ihr Budget, egal wie verlockend das Angebot auch sein mag.

Ordnung halten. Wenn Sie auf Pump kaufen, sorgen Sie dafür, dass Sie den Überblick über Ihre Ausgaben behalten. Das bedeutet unter anderem, sämtliche Unterlagen ordentlich abzuheften.

Ist es doch so weit gekommen, dass die Schuldenspirale Sie mitzieht, wird es Zeit, endlich zu reagieren. Hier einige Punkte, die Sie beachten sollten:

☐ Ordnung halten

Es bleibt dabei – wenn Sie Ihre Schulden loswerden wollen, benötigen Sie eine genaue Übersicht, wem Sie überhaupt wie viel Geld schulden. Öffnen Sie sämtliche Briefe Ihrer Gläubiger und verstecken Sie sie nicht ungeöffnet in irgendwelchen Schubladen.

☐ Miete geht vor Bank

Wenn Sie nicht mehr alle Raten bezahlen können, stellen Sie zumindest sicher, dass Ihr Vermieter sein Geld bekommt. Nicht dass Sie irgendwann auf der Straße sitzen. Der Vermieter hat das Recht, Ihnen fristlos zu kündigen, wenn Sie ihm zu zwei Zahlungsterminen nacheinander mehr als eine Monatsmiete schulden. Erst wenn Miete und wenn möglich auch Strom und Wasser bezahlt sind, sollten Sie an den auf sein Geld wartenden Online-Händler oder die Bank denken.

☐ Dubiose Angebote meiden

In Anzeigen in Zeitung oder Internet wird gerne für besonders günstige Kreditangebote geworben. Lassen Sie sich nicht darauf ein.

☐ Hilfe holen

Suchen Sie eine Schuldnerberatung auf. Es wird sich lohnen. Dort finden Sie Ansprechpartner, die Ihnen helfen, Ordnung in Ihre Finanzangelegenheiten zu bringen und einen Sanierungsplan aufzustellen. Mit fachlicher Hilfe erfahren Sie, wie Sie am besten mit drängelnden Kreditgebern verhandeln, was Sie wann bezahlen sollten und wie Sie eventuell in ein Verbraucherinsolvenzverfahren gehen können, um auf diesem Weg die Schulden im Laufe von etwa sechseinhalb Jahren komplett loszuwerden.

Letzter Ausweg: Verbraucherinsolvenz

Wie ein Unternehmen können auch Privatpersonen als Überschuldete in die Insolvenz gehen. Der Schritt kann sich lohnen, denn wenn Sie bestimmte Voraussetzungen erfüllen, können Sie nach etwa sechseinhalb Jahren schuldenfrei sein. Doch so einfach wie sich das manch einer vorstellt, ist das Verfahren zur Restschuldbefreiung auch nicht. Ohne fachmännischen Rat können Sie dieses Projekt nicht angehen.

> **i Verbraucherinsolvenzverfahren**
>
> Bei diesem Verfahren, das in der Form seit dem 1. Januar 1999 für Privatpersonen möglich ist, geht es darum, alle Gläubiger einer überschuldeten Person gleichmäßig zufriedenzustellen. Über einen Zeitraum von sechs Jahren wird das Vermögen des Schuldners gepfändet und an die Gläubiger verteilt. Verläuft das Verfahren erfolgreich, wird der Schuldner von all seinen verbleibenden Schulden – mit Ausnahme von solchen aus Straftaten – freigesprochen.

Bevor Sie einen Insolvenzantrag bei Gericht stellen, müssen Sie zunächst versuchen, sich außergerichtlich mit den Personen und Institutionen zu einigen, denen Sie Geld schulden. Können Sie sich nicht auf eine Lösung verständigen, können Sie einen Antrag bei Gericht stellen. Das Gericht versucht dann unter Umständen noch mal, einen Kompromiss zwischen Ihnen und den Gläubigern zu erreichen. Funktioniert auch das nicht, oder sagt das Gericht gleich, dass ein gerichtlicher Einigungsversuch nicht zum Ergebnis führen wird, setzt es einen Treuhänder ein. Dieser prüft dann, ob es bei Ihnen noch etwas zu holen gibt, und verteilt das Geld dann an diejenigen, denen Sie noch Geld schulden. Anschließend beginnt die sogenannte Wohlverhaltensphase.

In dieser Zeit, die ab dem Termin der Eröffnung des Insolvenzverfahrens insgesamt sechs Jahre dauert, bekommt der Treuhänder den pfändbaren Teil Ihres Gehalts. Wenn

> **@ Schuldnerberatung**
>
> Eine Suchmaschine zu Schuldnerberatungsstellen in Ihrer Nähe finden Sie unter www.meine-schulden.de, eine Seite der Bundesarbeitsgemeinschaft Schuldnerberatung. Hier können Sie sich auch einen Haushaltsplan herunterladen und überprüfen, in welchem Verhältnis bei Ihnen die Einnahmen und die Ausgaben zueinander stehen.

Sie für niemanden unterhaltspflichtig sind, sind derzeit für Sie 989,99 Euro Nettolohn vor der Pfändung geschützt. Bei höherem Einkommen geht aber ein Teil weg. Wenn Sie zum Beispiel 1 300 Euro netto verdienen und alleinstehend sind, werden Ihnen 220,40 Euro gepfändet. Ab 1. Juli 2011 sollen voraussichtlich neue, höhere Freigrenzen gelten. Das gepfändete Geld führt der Treuhänder einmal im Jahr an die Gläubiger ab. Läuft alles glatt, spricht Sie das Gericht am Ende des sechsten Jahres von den Schulden frei.

Ein bisschen was extra – wohin mit dem Ersparten?

Dass ein Polster für Notfälle sehr wichtig werden kann, haben wir bereits erwähnt. Am besten liegt es auf einem Tagesgeldkonto (→ Seite 22). Dann können Sie als Kunde täglich drauf zurückgreifen, kassieren noch ein paar Zinsen dafür und haben trotzdem nicht automatisch bei jedem Einkauf Zugriff darauf.

Zusätzlich kommen zahlreiche andere Möglichkeiten für die Geldanlage infrage, um zum Beispiel regelmäßige Zahlungen der Großmutter, ein kleines Erbe, eine Schenkung vom Opa oder eigenes Erspartes auf die Seite zu legen. Manche Geldanlagen sind besser geeignet als andere. Solange es finanziell bei Ihnen immer noch eher eng ist, sollten Sie unbedingt auf sichere Geldanlagen setzen:

Sparbuch

Bestes Beispiel für eine sichere Geldanlage ist das gute alte Sparbuch, das Sie vielleicht als Kind jedes Jahr wieder am Weltspartag zur Bank getragen haben, um sich die Zinsen eintragen zu lassen. Geld, das auf einem Sparbuch liegt, ist zwar sicher; im Vergleich zu anderen Geldanlagen bringt diese Anlageform allerdings nur magere Zinsen, und sie ist auch nicht so flexibel wie etwa ein Tagesgeldkonto, da Sie nicht von einem Tag auf den anderen an Ihr gesamtes Geld kommen. In der Regel gilt eine Kündigungsfrist von drei Monaten. Wollen Sie vorher an Ihr komplettes Erspartes, müssen Sie dafür bezahlen.

Festgeld

Vor Beginn des Sparens legen Sie fest, wie lange Sie Ihr Geld anlegen – zum Beispiel 30, 90 oder 180 Tage. In dieser Zeit kassieren Sie den Zinssatz, der bei Vertragsabschluss vereinbart wurde. Der Haken: Vor Ablauf der festgelegten Anlagedauer kommen Sie nicht an Ihr Geld heran. Hier sollten Sie also nur Geld anlegen, bei dem Sie sicher wissen, dass Sie es zum Beispiel in den nächsten drei Monaten nicht benötigen. Die Zeitschrift Finanztest veröffentlicht regelmäßig aktuelle Zinsangebote (**www.test.de**).

Banksparplan

Wenn Sie jeden Monat 30 oder 50 Euro von Ihrem Gehalt übrig haben oder auf eine regelmäßige Zahlung Ihrer Patentante setzen, kommt auch ein Banksparplan für Sie infrage. Hier zahlen Sie regelmäßig eine Summe ein, die dann sicher angelegt ist. Hohe Zinsen erwirtschaften Sie damit zwar nicht unbedingt, doch auf Dauer profitieren Sie immerhin vom Zinseszinseffekt, das bedeutet: Die Zinsen werden Ihrem Guthaben zugefügt und alles wird aufs Neue wieder verzinst. Wenn Sie einen solchen Sparplan abschließen, achten Sie am besten darauf, ob Sie bei der Bank die Möglichkeit haben, zwischenzeitlich die Einzahlungen zu erhöhen oder auch mit den Zahlungen auszusetzen, etwa wenn Sie die eigentlich zum Sparen gedachten 50 Euro dringend für die Fahrradreparatur benötigen.

Bausparvertrag

Für das sichere Sparen kommt auch – obwohl es „altbacken" erscheinen mag – ein Bausparvertrag infrage. Bausparverträge funktionieren so, dass Sie für das dort eingezahlte Geld einen festen Zinssatz erhalten. Wenn Sie irgendwann vorhaben, ein Haus zu bauen oder eine kleine Wohnung zu kaufen und dafür Geld leihen müssen, können Sie über den Bausparvertrag außerdem ein günstiges Darlehen bekommen – zum Zinssatz, der bei Vertragsabschluss festgelegt wurde. Bausparverträge sind zum Beispiel interessant, wenn Sie Vermögenswirksame Leistungen (VL) ansparen (⋯> Seite 153).

Investmentfonds – kurz „Fonds" genannt

Zu den sichersten Fonds zählen vorrangig „gemanagte" Aktien- oder Rentenfonds. Hier zahlen Sie zusammen mit vielen anderen Anlegern Geld in einen Fondstopf ein, und ein sogenannter Fondsmanager investiert das Geld daraus zum Beispiel in die Aktien verschiedener Unternehmen oder in Staatsanleihen und Pfandbriefe.

Während Sie bei den bisher genannten Sparprodukten sicher sein können, einen bestimmten Zinssatz zu erzielen, ist das bei Investmentfonds etwas anders. Es kann sein, dass Sie deutlich mehr Gewinn machen als zum Beispiel mit einem Festgeldkonto. Es kann aber auch sein, dass Sie Verluste machen, wenn die Unternehmen, in die der Fonds investiert hat, an Wert verlieren. Dieses Risiko sollten Sie vor Augen haben, wenn Ihnen in der Bank zum Beispiel angeboten wird, jeden Monat eine Summe in einen Aktienfonds einzuzahlen. Wenn Sie sicher sind, dass Sie in den nächsten zehn oder 15 Jahren das eingezahlte Geld nicht benötigen, weil Sie noch andere Ersparnisse haben, kann der Fondssparplan auf lange Sicht eine lohnende Geldanlage sein. Aber wenn Sie kurzfristig an Ihr Geld müssen, um irgendwo ein Loch zu stopfen, machen

Sie womöglich Verluste, wenn zu diesem Zeitpunkt die Kurse niedrig sind. Aufgrund des Risikos sollten Sie nicht unvorbereitet in Fonds investieren, sondern sich vorher gut informieren, in was für Unternehmen das Management einzahlt und wie sich der Fonds in der letzten Zeit entwickelt hat. Es wäre zu schade, wenn sich bei der nächsten Börsenkrise Ihre Ersparnisse in Luft auflösen.

Versicherungen

Als Möglichkeit, Ihr Geld sicher für später anzulegen, werden Ihnen Versicherungsvermittler, bei denen Sie sich nach Haftpflicht- oder Hausratversicherung (→ ab Seite 74) erkundigen, oder auch Mitarbeiter einer Bank vielleicht zusätzlich noch Versicherungsverträge wie zum Beispiel eine private Rentenversicherung anbieten. Mit einem solchen Vertrag binden Sie sich über viele Jahre, denn das Geld wird in der Regel erst im Rentenalter ausbezahlt. Wissen Sie, ob Sie so lange regelmäßig einzahlen wollen und können (→ auch Seite 87)? Gerade zu Beginn des Berufslebens sind solche Verträge nicht die beste Wahl. Setzen Sie lieber auf flexiblere Sparmöglichkeiten, sodass Sie kurzfristig an Ihr Geld können.

> **✗ Lesetipp**
> Der Ratgeber der Stiftung Warentest „Fonds. Basiswissen für Einsteiger" erklärt leicht verständlich, wie Fonds funktionieren. Er ist im Buchhandel erhältlich und kostet 16,90 Euro.

Wenn möglich Riester-Förderung nutzen

Besonders lukrativ wird Ihr eigenes Sparen, wenn Sie dafür zusätzlich mit einem Zuschuss vom Staat oder Chef belohnt werden. Eine Variante ist das Sparen von Vermögenswirksamen Leistungen (VL), das vor allem für Auszubildende im Betrieb interessant wird (→ Seite 153). Auch die betriebliche Altersvorsorge kann sich lohnen. Für alle, die einer sozialversicherungspflichtigen Beschäftigung nachgehen, bietet außerdem ein Riester-Vertrag die Möglichkeit, selbst zu sparen und zusätzlich noch Geld vom Staat zu bekommen. Riester-Förderung gibt es für
- Rentenversicherungen
- Banksparpläne

- Fondssparpläne
- Bausparverträge
- Kredite zum Bau oder Kauf einer Immobilie.

Für alle Riester-Sparer, die sich für einen der genannten Verträge entscheiden, ist für jedes Jahr des Sparens ein staatlicher Zuschuss von 154 Euro drin. Wenn Sie den Vertrag mit unter 25 Jahren abschließen, bekommen Sie einmalig noch 200 Euro extra drauf. Sollten Sie irgendwann einmal Eltern werden, erhalten Sie auch für Ihre Kinder einen jährlichen Zuschuss.

Allerdings wird Ihnen das Geld, das Sie zum Beispiel in einen Riester-Banksparplan einzahlen, erst im Rentenalter ausgezahlt. Für das kurzfristige Ansparen eines Notfallpolsters kommt ein solcher Vertrag damit nicht infrage. Für die langfristige Altersvorsorge ist der Riester-Vertrag hingegen dank der staatlichen Förderung besser geeignet als andere Geldanlagen. Ein Riester-Vertrag sollte somit an erster Stelle stehen, wenn Sie Anspruch auf die Förderung haben. Diesen Anspruch haben Sie unter anderem, wenn Sie als Auszubildender im Betrieb beschäftigt sind. Wenn Sie dagegen nur eine geringfügige Beschäftigung neben der Uni haben und der Arbeitgeber für Ihren Verdienst bis 400 Euro pauschal Rentenversicherungsbeiträge überweist, können Sie nicht „riestern". Nur wenn Sie als 400-Euro-Jobber zusätzlich zu den Rentenversicherungsbeiträgen des Chefs selbst Geld in die Rentenversicherung einzahlen – den Betrag also aus eigenen Mitteln aufstocken –, können Sie auch die Förderung bekommen.

Der Banker als Verkäufer

Wenn Sie zu Ihrer Bank gehen und Geld anlegen wollen, sollten Sie eine Sache immer im Hinterkopf haben: Der Bankmitarbeiter ist kein neutraler Berater, sondern er ist ein

Verkäufer, der Sie für das eine oder andere Anlageprodukt gewinnen möchte. Er profitiert mit (er bekommt Provisionen), wenn er möglichst viele Verträge verkauft. Ähnlich ist es, wenn Sie zu einem Versicherungsvermittler gehen (⇢ Seite 66).

Um ein Anlageprodukt mit all seinen Vor- und Nachteilen genau kennenzulernen, sind Sie somit vor allem selbst gefordert, sich folgende Fragen zu beantworten:

☐ **Passt diese Form der Geldanlage überhaupt zu mir?**
Benötigen Sie tatsächlich bereits einen Versicherungsvertrag? Oder wissen Sie zu Beginn Ihrer Ausbildung vielleicht noch gar nicht, ob Sie in drei oder fünf Jahren noch studieren wollen, sodass Sie dann Geld benötigen und für Versicherungsbeiträge nichts übrig haben?

☐ **Sind die Leistungen und Bedingungen in Ordnung?**
Wenn Sie sich entschieden haben, zum Beispiel einen Banksparplan abzuschließen, schauen Sie sich die Bedingungen an. Wie lange sind Sie an den Vertrag gebunden? Wie ist der Zinssatz tatsächlich? Wenn es in der Werbung zum Beispiel heißt, Zinssätze bis 2,5 Prozent sind möglich, kann es sein, dass Sie diesen Satz erst nach fünf Jahren Sparen bekommen und sich in der Zeit davor mit deutlich niedrigeren Zinsen zufriedengeben müssen. Lassen Sie sich also nicht von hohen Einzelwerten locken, sondern schauen Sie sich die Zahlenkolonnen in den Angebotsbroschüren an.

☐ **Sind sämtliche Fragen geklärt?**
Unterschreiben Sie nicht sofort, sondern lesen Sie sich Infomaterial gut durch und vor allem: Fragen Sie den Bankmitarbeiter, wenn Sie etwas nicht verstehen. Es spricht außerdem absolut nichts dagegen, dass Sie die Unterlagen mit nach Hause zu nehmen und sich das Angebot in aller Ruhe durchlesen.

☐ Beratungsprotokoll

■ Was der Bankmitarbeiter Ihnen empfohlen und angeboten hat, muss er in ein Beratungsprotokoll eintragen und unterschreiben. Auch das sollten Sie nicht ungelesen unterschreiben. Was, wenn der Mitarbeiter Sie als „risikofreudigen" Anleger eingetragen hat, obwohl Sie doch nur sichere Zinsen wollen? Lassen Sie das Protokoll ändern, wenn Sie nicht einverstanden sind.

☐ Gibt es bessere Angebote?

■ Gerade, wenn Sie eine größere Summe anlegen wollen, zum Beispiel, weil Sie vor kurzem etwas von Ihrem Großvater geerbt haben, nehmen Sie sich die Zeit, das Angebot Ihrer Bank mit den Leistungen anderer zu vergleichen. Vielleicht finden Sie bei einer andern Bank oder Sparkasse noch etwas, was besser zu Ihnen passt.

@ Mehr zur Geldanlage

Nutzen Sie das Internet: Die Verbraucherzentralen bieten im Internet ein Forum an, in dem Sie sich über Fragen rund um die Geldanlage informieren können. Hier finden Sie auch weitergehende Informationen: www.verbraucherfinanzwissen.de

Alles Wichtige finden Sie auch im Ratgeber „Geldanlage ganz konkret" (⟶ Seite 216)

Gut geschützt:
Die passenden Versicherungen

Sicherheit für den Alltag

Bis zum Ende der Schulzeit mussten Sie selbst sich um das Thema „Versicherung" meist gar keine Gedanken machen. Versicherungsschutz war doch immer ein Thema für die Eltern: Sie haben die Verträge abgeschlossen – etwa zum Schutz von Haus, Wohnungseinrichtung und Auto. Die Hausratversicherung mit Fahrradschutz der Familie zahlte dann zum Beispiel auch, wenn dem 15-jährigen Sohn das Fahrrad gestohlen wurde, denn der Schutz galt für die Einrichtung aller Familienmitglieder und damit auch für den Hausrat der Kinder. Genauso ist es bei anderen Verträgen: Haben die Eltern eine private Haftpflichtversicherung, zahlt diese auch, wenn etwa die 17-jährige Tochter im Zimmer ihrer Freundin nicht aufpasst, mit ihrer Tasche hängen bleibt und aus Versehen deren Notebebook vom Schreibtisch zerrt. In dem Fall haftet die Tochter für den Schaden und muss der Freundin den Rechner ersetzen. Doch wenn ihre Eltern eine Privathaftpflichtversicherung abgeschlossen haben, wird diese den Schaden übernehmen.

> **i Haftpflicht**
>
> Jeder, der anderen einen Schaden zufügt, haftet für diesen Schaden. Im Bürgerlichen Gesetzbuch (BGB), § 823, heißt es dazu:
>
> „Wer vorsätzlich oder fahrlässig das Leben, den Körper, die Gesundheit, die Freiheit, das Eigentum oder ein sonstiges Recht eines anderen widerrechtlich verletzt, ist dem anderen zum Ersatz des daraus entstehenden Schadens verpflichtet."
>
> Wer den Schaden verursacht hat, muss also dafür Ersatz leisten. Ausgenommen sind allerdings Kinder unter sieben Jahre: Sie sind nicht deliktfähig und haften demnach auch nicht für Schäden. Im Straßenverkehr liegt die Altersgrenze bei zehn Jahren.

Wenn nun Ihre Ausbildung oder Ihr Studium beginnt, heißt das aber nicht, dass der Schutz der bisherigen Versicherungsverträge von einem Tag auf den anderen nicht mehr gilt. Im Gegenteil: Auch als Auszubildender oder Student

> **Sozialversicherung**
>
> Die Sozialversicherung setzt sich aus fünf Zweigen zusammen:
> - Krankenversicherung
> - Pflegeversicherung
> - Unfallversicherung
> - Rentenversicherung
> - Arbeitslosenversicherung
>
> Auszubildende zahlen wie die anderen angestellt Beschäftigten auch Beiträge zu allen Zweigen der Sozialversicherung. Für Studenten und Nebenjobber gelten zum Teil besondere Regelungen.

können Sie sich die Beiträge für verschiedene Verträge sparen, da Sie über Ihre Eltern weiter versichert bleiben.

Für alle Lebenslagen funktioniert das aber nicht. Deshalb wollen wir auf den nächsten Seiten Klarheit schaffen:
- Welchen Schutz benötigen Studenten, Auszubildende, Au-Pairs und alle anderen, für die nach der Schule ein neuer Lebensabschnitt beginnt?
- Welche eigenen Verträge sollten sie abschließen und wo reicht der Versicherungsschutz der Eltern noch aus?
- Welchen Schutz haben Sie automatisch über die gesetzliche Sozialversicherung?
- Und von welchen Versicherungsangeboten können Sie getrost die Finger lassen?

Was jeder braucht

Bestimmten Versicherungsschutz, wie die Absicherung durch eine freiwillige private Haftpflichtversicherung, sollte unbedingt jeder haben, andere Absicherungen sind sogar gesetzlich vorgeschrieben. Das gilt zum Beispiel für die Krankenversicherung.

Krankenversicherung

Seit 2009 gilt, dass jeder Bürger in Deutschland eine Krankenversicherung haben muss. Mehr als 90 Prozent sind hierzulande über die gesetzliche Krankenversicherung (GKV) geschützt und in einer von weit über 100 gesetzlichen Krankenkassen versichert. Der Rest hat bei einem der privaten Krankenversicherer (PKV) einen Vertrag abgeschlossen, der je nach Angebot mehr Leistungen bietet. Wer sich gesetzlich versichern muss und wer in die private Krankenversicherung darf, weil sein Einkommen hoch genug ist, ist gesetzlich vorgegeben.

Die Höhe der Beiträge, die die gesetzlich Krankenversicherten an ihre Krankenkasse zahlen müssen, hängt für viele vor allem von der Höhe ihres Einkommens ab. Sie zahlen derzeit einen Beitragssatz von 15,5 Prozent, wobei sich Angestellte diesen Beitrag mit ihrem Arbeitgeber in der Regel teilen: Der Versicherte selbst zahlt 8,2 Prozent, sein Arbeitgeber 7,3 Prozent. Auszubildende, die höchstens 325 Euro im Monat verdienen, können sich ihren Kassenanteil allerdings sparen. Für Studenten gibt es einen besonderen Studententarif, soweit keine Familienversicherung möglich ist (···> Seite 163).

In der privaten Krankenversicherung rechnen die Anbieter anders: Hier richtet sich die Höhe des Beitrags vor allem danach, wie alt und wie gesund die versicherte Person bei Vertragsabschluss war.

Wer versichert sich wie?

Auszubildende. Bei einem Einkommen von nur einigen Hundert Euro im Monat ist klar, dass Auszubildende, die in einem Betrieb beschäftigt sind, in eine gesetzliche Krankenkasse gehen müssen und sich nicht privat versichern können. In eine private Krankenversicherung könnten sie als Angestellte erst wechseln, wenn sie knapp 50 000 Euro im Jahr verdienen und somit die Versicherungspflichtgrenze überschreiten.

> **Versicherungspflichtgrenze**
>
> Angestellt Beschäftigte müssen sich gesetzlich krankenversichern, wenn sie unter der Versicherungspflichtgrenze verdienen. Für das Jahr 2011 liegt diese bei 49 500 Euro brutto – also vor Abzug der Steuern und Sozialabgaben – im Jahr und 4 125 Euro im Monat. Wenn Sie nachweisen, dass sie ein Jahr lang über dieser Grenze geblieben sind, haben Sie die Wahl und dürfen in die PKV wechseln. Für Beamte und Selbstständige gelten andere Vorgaben.

Studierende. Für sie sind die Vorgaben etwas anders: Auch sie sind versicherungspflichtig in der gesetzlichen Krankenversicherung. Dass sie versichert sind – entweder selbst als Mitglied einer Kasse oder über die Krankenkasse ihrer Eltern –, müssen sie bei der Einschreibung nachweisen. Sie können sich allerdings von der gesetzlichen Versicherungspflicht befreien lassen und sich privat absichern. Interessant kann das sein, wenn ihre Eltern zum Beispiel als Lehrer arbeiten und verbeamtet sind. Dann haben die Eltern für sich und auch für ihre studierenden Kinder Anspruch auf einen Zuschuss zu den Behandlungskosten. Dieser Zuschuss – die sogenannte Beihilfe – kann auch noch während der Studienzeit fließen, sodass die private Absicherung dann in der Regel günstiger ist als der gesetzliche Schutz. Ansonsten ist allerdings die gesetzliche Krankenkasse die günstigere Variante. Was Studenten bei der Auswahl des passenden Versicherungsschutzes alles beachten müssen, erklären wir ausführlich ab Seite 163.

Wie es nach dem Studium weitergeht, hängt vom weiteren Berufsweg ab. Gehen die Studenten danach beispielsweise als Lehramtsanwärter direkt ins Referendariat, können sie sich privat krankenversichern. Werden sie hingegen Angestellte in einem Unternehmen, müssen sie sich spätestens dann für eine eigene gesetzliche Krankenkasse entscheiden.

Übergangsphase. Wie Sie sich in dieser Zeit absichern können, hängt unter anderem davon ab, wie viel Sie verdienen und wie lange Sie jeweils arbeiten. Mehr zu den unterschiedlichen Regelungen lesen Sie ab Seite 189. Sollten Sie in dieser Zeit ohne Beschäftigung sein, können Sie unter Umständen Leistungen von der Arbeitsagentur erhalten, zum Beispiel finanzielle Unterstützung für Bewerbungen oder eventuell Arbeitslosengeld I oder II (⇢ Seite 30).

Die richtige Krankenkasse finden

Unabhängig davon, ob Azubi, Student oder Nebenjobber in der Übergangszeit: Alle Mitversicherten in der GKV, die selbst Mitglied einer Kasse werden müssen, können meist frei wählen, in welche Kasse sie gehen. Nur weil man als Kind über die Eltern kostenlos etwa in einer AOK, der DAK oder einer Betriebskrankenkasse (BKK) versichert war, heißt das nicht, dass man selbst Mitglied bei genau dieser Kasse bleiben muss.

Früher war ein wichtiges Kriterium für die Auswahl der Krankenkasse, welchen Beitragssatz die Kasse verlangte. Das klappt heute nicht mehr, da für alle Kassen ein einheitlicher Beitragssatz gilt. Ganz ohne finanzielle Unterschiede geht es heute aber auch nicht, da mehrere Kassen mittlerweile von ihren Mitgliedern einen Zusatzbeitrag von beispielsweise 8 Euro im Monat erheben. Auf diesen Zusatzbeitrag, den Sie auch als Auszubildender oder Student zahlen müssen, sollten Sie bei der Wahl der Kasse achten. Die große Mehrheit der Kassen kommt aber zumindest 2011 ohne Zusatzbeitrag aus.

Auch bei den Leistungsangeboten sind die weit über 100 Kassen in Deutschland sehr ähnlich, denn die Leistungen sind zu etwa 95 Prozent gleich und gesetzlich vorgeschrieben. Doch es gibt noch Unterschiede. Einige Krankenkassen übernehmen zum Beispiel mehr Ausgaben im Bereich Homöopathie, obwohl sie dies vom Gesetzgeber aus gar nicht müssten. Versicherte einiger Kassen können sich wiederum die Ausgaben für Reiseimpfungen wie etwa gegen

Hepatitis, Typhus oder Gelbfieber erstatten lassen. So ein Extra kann dann interessant sein, wenn ein Auslandssemester oder -praktikum in Betracht gezogen wird.

Fazit: Eine Krankenversicherung muss jeder haben! Wer gesetzlich versichert ist, sollte auf die Leistungen achten und eine Kasse wählen, deren Angebote zu ihm passen. Das gilt auch für die Angebote privater Versicherer.

 Kasse finden
Die Stiftung Warentest bietet unter www.test.de/krankenkassen eine Datenbank mit Informationen und Leistungen sämtlicher Krankenkassen an. Hier können Sie für 3 Euro das Kassenangebot durchstöbern, um eine für Sie passende Kasse zu finden.

Exkurs: Krankenversicherung im Ausland

Die gesetzliche Krankenversicherung hat eine entscheidende Lücke: Wer im Ausland krank wird und dort medizinisch behandelt werden muss, bleibt entweder komplett oder zumindest zum Teil auf seinen Kosten für Krankenhaus, Arzt und Medikamente sitzen. Diese Lücke sollten Sie vor einer Reise unbedingt mit einer privaten Auslandsreise-Krankenversicherung schließen.

Ohne diesen privaten Zusatzschutz kann eine Blinddarmentzündung während des Spanien-Urlaubs oder ein gebrochenes Bein während des Praktikums in New York teuer werden: In Ländern innerhalb der Europäischen Union und in einigen anderen Staaten übernimmt die deutsche Krankenversicherung nur die Kosten, die für die Behandlung in Deutschland fällig geworden wären. Rechnet die spanische Klinik die Blinddarm-OP zu höheren Preisen ab, muss der Patient den Rest aus eigener Tasche zahlen. Für das gebrochene Bein in den USA zahlt die deutsche Krankenkasse gar nichts. Patienten in allen Ländern außerhalb der EU, mit denen Deutschland kein Sozialversicherungsabkommen geschlossen hat, gehen komplett leer aus.

Für den Krankenhausaufenthalt können dann je nach Erkrankung und Reiseland mehrere Tausend Euro fällig werden, die Sie als Patient selbst zahlen müssten. Hier springt die private Auslandsreise-Krankenversicherung ein. Sie zahlt außerdem, wenn Sie als Patient zur weiteren Behandlung nach Deutschland zurücktransportiert werden müssen. Die Ausgaben für einen solchen Flug können leicht mehrere Zehntausend Euro ausmachen.

✖ Rücktransport für Privatversicherte

Studenten, die während der Uni-Zeit sowieso privat krankenversichert sind, sollten vor einem Auslandsaufenthalt nachfragen, ob ihre Krankenversicherung für den Rücktransport aufkommt. Es kann sein, dass diese Leistung in ihren Vertragsbedingungen fehlt. Ist das der Fall, sollten auch sie unbedingt den zusätzlichen Schutz abschließen. Auch sollte vorsorglich nachgefragt werden, über welchen Zeitraum der Schutz im Ausland gilt.

Schutz für wenig Geld

Die gute Nachricht ist: Die privaten Zusatzversicherungen für Erkrankungen im Ausland gehören zu den günstigeren Angeboten. Wer einzelne Urlaubsreisen während eines gesamten Jahres absichern will, kann je nach Versicherer und Tarif schon für unter 10 Euro im Jahr passenden Schutz bekommen. Die einzelnen Reisen dürfen allerdings je nach Anbieter nicht länger als ungefähr sechs bis acht Wochen dauern.

Teurer wird der Schutz, wenn zum Beispiel ein ganzes Semester in den USA oder in Australien abgesichert werden soll. Der Schutz für sechs Monate kann einige Hundert Euro kosten. Das ist aber immer noch besser, als komplette Arztrechnungen im Ausland selbst zahlen zu müssen.

Bevor Sie eine neue Auslandsreise-Krankenversicherung abschließen, schauen Sie nach, ob Sie den Schutz vielleicht schon über einen anderen Vertrag haben. Denn den Auslands-Schutz gibt es auch in Kombination mit anderen privaten Krankenzusatzversicherungen. Vielleicht haben Ihre Eltern bereits vor einigen Jahren für Sie einen privaten Versicherungsvertrag als Ergänzung zur gesetzlichen Krankenkasse abgeschlossen, der Ihnen mehrere Zusatzleistungen bietet – beispielsweise Zuschüsse zum Zahnersatz, zur neuen Brille und zu den Behandlungen beim Heilpraktiker. Haben Sie so eine Versicherung, kann es gut sein, dass der Auslandskrankenschutz gleich mit verpackt ist.

Fazit: Egal, ob über einen Einzelvertrag oder ein Versicherungspaket: Reisen Sie nicht ins Ausland ohne eine Versicherung, die für Sie im Ernstfall die Kosten für eine medizinische Behandlung und für einen Krankenrücktransport bezahlt. Sonst kann aus dem Urlaubstraum ein finanzieller Albtraum werden.

> ✖ **Familienversicherung**
>
> Wenn Ihre Eltern eine private Auslandsreise-Krankenversicherung für die gesamte Familie abgeschlossen haben, fragen Sie beim Versicherer nach, wie lange Kinder mit abgesichert werden. Die Anbieter ziehen hier unterschiedliche Altersgrenzen. Manchmal sind nur Kinder mitversichert, die höchstens 17 Jahre alt sind. Andere Gesellschaften ermöglichen es auch 20-Jährigen noch, geschützt über die Familienversicherung der Eltern zu verreisen. Schauen Sie vorher nach, wie viele Tage Sie am Stück pro Auslandsaufenthalt maximal wegbleiben dürfen.

Pflegeversicherung

Wie die Krankenversicherung ist auch eine Absicherung für den Pflegefall Pflicht für jeden. Alle Versicherten in einer gesetzlichen Krankenkasse sind gleichzeitig auch Mitglied der gesetzlichen Pflegeversicherung.

Angestellte. Sie teilen sich mit ihrem Arbeitgeber einen Beitragssatz von 1,95 Prozent ihres Einkommens. Wer älter als 23 Jahre ist und keine Kinder hat, zahlt selbst noch einmal 0,25 Prozent zusätzlich. Verdienen **Auszubildende** weniger als 325 Euro im Monat, übernimmt der Arbeitgeber den kompletten Beitrag.

Studierende, die beitragsfrei über die Krankenkasse der Eltern mitversichert sind, zahlen nichts für die gesetzliche Pflegeversicherung. Sind Studierende selbst krankenversichert, zahlen sie für die Pflege- wie für die Krankenversicherung einen pauschalen Betrag, unabhängig davon, wie viel sie selbst verdienen. Alle, die privat krankenversichert sind, zahlen an ihren privaten Versicherer auch einen bestimmten Beitrag für die private Pflegepflichtversicherung.

Anspruch auf Leistungen aus der Pflegeversicherung hat dann jeder, der zum Beispiel nach einer schweren Krankheit oder nach einem Unfall in eine sogenannte Pflegestufe eingeordnet wird, weil er bei Dingen des alltäglichen Lebens wie Anziehen oder Körperpflege auf regelmäßige (fremde) Hilfe angewiesen ist.

Privathaftpflichtversicherung

Während die Absicherung gegen Krankheit und Pflegebedürftigkeit gesetzlich vorgeschrieben ist, ist es gesetzlich kein Muss, mit einer privaten Haftpflichtversicherung für den Ernstfall vorzusorgen. Doch auch wenn dieser Schutz freiwillig ist, sollte ihn jeder haben.

Ein Beispiel: Sie sind mit dem Fahrrad auf dem Weg zur Uni. Im Copyshop hat es länger gedauert als gehofft. Weil die Zeit knapp wird, fahren Sie noch schnell über die Kreuzung – ohne genau zu gucken, ob von rechts jemand kommt. Wenn dann etwas passiert, kann Sie das finanziell ruinieren. Wenn durch Sie ein anderer Radfahrer stürzt, haften Sie für sämtliche Schäden, die dieser zweite Fahrer erleidet. Sie müssen nicht nur seine Fahrradreparatur übernehmen und den Schaden an seiner Kleidung ersetzen, sondern Sie haften auch – und das kann die Kosten besonders hoch treiben – für die Folgen sämtlicher körperlichen Verletzungen. Die Krankenkasse des Verunglückten wird sich dann auch an Sie wenden und zumindest die Behandlungskosten zurückfordern.

Für einen solchen Ernstfall ist es unbedingt sinnvoll, wenn Sie über eine private Haftpflichtversicherung geschützt sind.

Der Versicherer kommt für Schäden auf, die Sie anderen zufügen. Er zahlt nur nicht, wenn Sie vorsätzlich gehandelt haben. Ohne diesen Schutz könnten Fehler im Alltag zum finanziellen Härtefall werden. Der Vertrag sollte eine Versicherungssumme von mindestens 3 Millionen Euro haben.

Versichert über die Eltern bis Ausbildungsende

Obwohl jeder den Schutz einer Privathaftpflichtversicherung haben sollte, heißt das nicht, dass jeder eine eigene Versicherung für sich selbst abschließen muss. Kinder sind in der Regel bis zum Ende ihrer ersten Ausbildung über den Vertrag der Eltern geschützt – vorausgesetzt, die Eltern haben überhaupt eine private Haftpflichtversicherung abgeschlossen. Wenn Sie also eine Ausbildung in einem Betrieb machen, wenn Sie direkt nach der Ausbildung studieren, oder wenn Sie nach dem Abitur direkt mit dem Studium beginnen, dürfte der Schutz des Familienvertrags noch reichen. Dafür spielt es meist keine Rolle, ob Sie noch bei den Eltern wohnen oder bereits ausgezogen sind.

Allerdings ist es den jeweiligen Versicherern selbst überlassen, wie sie die Absicherung der erwachsenen Kinder über den Vertrag ihrer Eltern genau regeln. Deshalb sollten Sie zur Sicherheit beim Versicherer nachfragen, wie lange Sie sich auf den Schutz der Familienversicherung verlassen können. Gerade bei längeren Übergangsphasen zwischen einzelnen Ausbildungsabschnitten, wenn Sie an den Bachelor den Master anhängen oder wenn Ihr Studium rein gar nichts mit der vorherigen Ausbildung im Unternehmen zu tun hat, kann es sein, dass Sie einen eigenen Vertrag benötigen.

Wenn Sie selbst einen Vertrag abschließen, zum Beispiel weil Sie nach der Ausbildung erst noch ein Jahr im Unternehmen arbeiten, ehe Sie Ihr Studium aufnehmen, bieten die Versicherungsunternehmen häufig günstigere Tarifvarianten an als etwa für Familien. Es lohnt sich, nach einem „Single-Tarif" oder einem Angebot für „junge Leute" zu fragen. Den Haftpflichtschutz können Sie für etwa 50 bis 80 Euro im Jahr bekommen. Wenn Sie einen Vertrag abgeschlossen haben, erhalten Sie vom Versicherer den Versicherungsschein, die sogenannte Police, zugeschickt. Für Sie ist das die Bestätigung, dass Sie nun Versicherungsschutz haben.

Auf Extras achten

Je nach Wohn- und Lebenssituation ist es wichtig, auf bestimmte Extras im Vertrag zu achten. Für einen Mieter, der in ein Haus mit vielen Mietparteien zieht, ist es zum Beispiel sinnvoll, wenn der Versicherer auch für den Verlust fremder privater Schlüssel aufkommt. Wenn die gesamte Schließanlage ausgetauscht werden muss, können die Ausgaben schnell das eine oder andere hart verdiente Monatsgehalt verschlingen. Schutz für diesen Notfall haben Haftpflichtkun-

---

i Sicherheit im Ausland

Die deutsche Haftpflichtversicherung gilt in der Regel nicht nur in Deutschland, sondern beispielsweise auch während einer vierwöchigen Südamerika-Reise nach Ende der Ausbildung. Selbst bei einem mehrmonatigen Auslandspraktikum dürfte es noch keine Probleme geben.

Sicherheitshalber gilt aber auch hier: Bei einem längeren Auslandsaufenthalt sollten Sie mit dem Versicherer vorab klären, wann und unter welchen Voraussetzungen er zahlt.

den nicht unbedingt automatisch, sondern sie müssen das Extra zusätzlich vereinbaren. Gleich im Schutz integriert sind hingegen in der Regel die sogenannten Mietsachschäden.

Ein Beispiel: Fällt Ihnen in Ihrer Wohnung der Föhn ins Waschbecken, sodass dieses einen Riss bekommt, ist ein solcher Mietsachschaden häufig mitversichert.

Eine Garantie, dass alle Schäden, die im Alltag passieren können, übernommen werden, bietet die private Haftpflichtversicherung aber auch nicht. So sind zum Beispiel Schäden an gemieteten oder geliehenen Gegenständen meist vom Schutz ausgeschlossen.

Ein Beispiel: Wenn Sie den Fotoapparat eines Freundes ausleihen und diesen im Urlaub fallen lassen, muss Ihr Haftpflichtversicherer häufig nicht zahlen.

Es gibt aber einige Anbieter, die trotzdem für Schäden an gemieteten Gegenständen aufkommen. Solche Tarife mit mehr Leistungen sind allerdings häufig etwas teurer.

> **Mit Hund mehr machen**
>
> Über die Privathaftpflichtversicherung sind auch Schäden abgesichert, die durch kleinere Haustiere wie Katzen verursacht werden. Wer sich allerdings einen Hund anschafft, sollte zusätzlich eine Tierhalter-Haftpflichtversicherung abschließen. Denn wenn etwa der Hund die Nachbarin beißt oder in der Nachbarwohnung Möbel beschädigt, zahlt die Privathaftpflichtversicherung nicht.

Fazit: Verzichten Sie auf keinen Fall auf die Haftpflichtversicherung! Schließen Sie einen eigenen Vertrag ab, wenn der Schutz der Eltern nicht mehr reicht oder diese keine Versicherung haben. Haben Ihre Eltern einen Vertrag, klären Sie, bis wann Sie mitversichert bleiben können.

Kfz-Haftpflichtversicherung

Haben Sie sich entschieden, ein eigenes Auto zu kaufen, kommen Sie um einen weiteren Versicherungsvertrag nicht herum: Die Kfz-Haftpflichtversicherung ist Pflicht für Fahrzeughalter. Der Versicherer springt dann ein, wenn der Fahrer des versicherten Autos andere Verkehrsteilnehmer schädigt. Er zahlt für die Schäden an fremden Fahrzeugen, aber auch für Schmerzensgeld und weitere Unfallfolgen. Für die Schäden an Ihrem eigenen Wagen und für die eigenen Verletzungen kommt er aber bei einem von Ihnen verursachten Unfall nicht auf.

Als junger Fahrer haben Sie das Problem, dass sie bei den Versicherungsunternehmen kein besonders beliebter Kunde sind und den Schutz für ein auf Sie zugelassenes Auto teuer bezahlen müssen. Es kann gut sein, dass Sie mit Jahresbeiträgen weit über 1 000 Euro rechnen müssen.

Preisnachlässe können häufig diejenigen bekommen, die zum Beispiel schon mit 17 am begleiteten Fahren teilgenommen haben oder nachweisen können, dass sie immerhin schon Mofa gefahren sind. Wer einen eigenen Vertrag abschließt, sollte außerdem versuchen, bei dem Versicherer unterzukommen, bei dem auch bereits die Eltern Kunden sind. Auch das kann helfen, Beiträge zu sparen.

Noch günstiger wird es allerdings in aller Regel, wenn das Auto als Zweitwagen der Eltern angemeldet ist und Sohn oder Tochter als berechtigte Fahrer eingetragen sind. Mit einem jungen Mitfahrer steigt für die Eltern zwar der Beitrag, doch er bleibt immer noch unter dem, den Fahranfänger selbst als Versicherungsnehmer zahlen müssen.

Kaskoschutz bei neueren Wagen

Für einen zwölfjährigen Kleinwagen, der schon die eine oder andere Delle hat, reicht der Schutz der Kfz-Haftpflichtversicherung in der Regel problemlos aus. Für bessere Fahrzeuge ist es dagegen sinnvoll, zusätzlich eine Teil- oder eine Vollkaskoversicherung abzuschließen. Käufer eines Neuwagens sollten unbedingt eine Vollkaskoversicherung haben. Der Extraschutz ist freiwillig und kostet extra, bietet dafür aber auch zusätzliche Sicherheit:

Teilkasko. Der Versicherer zahlt zum Beispiel bei Diebstahl oder wenn der Fahrer mit einem Reh zusammenstößt. Fällt bei Sturm – mindestens Windstärke 8 – ein Ast aufs Auto, zahlt die Versicherung auch.

Vollkasko. Wer sich für diesen Schutz entscheidet, hat die zuvor genannten Teilkasko-Leistungen ebenfalls – und dazu Schutz für Schäden durch Vandalismus. Und: Der Vollkaskoversicherer zahlt für selbstverursachte Schäden am eigenen Fahrzeug. Wer also beim Einparken den Begrenzungspfahl mitnimmt und die eigene Fahrertür beschädigt, kann sich das Geld für die Reparatur von der Versicherung zurückholen. Die Vollkaskoversicherung ist manchmal preiswerter als eine Teilkasko allein.

Fazit: Die Haftpflichtversicherung für das Auto ist Pflicht. Ob Sie zusätzlichen Kaskoschutz brauchen, hängt vom Auto ab. Bei älteren Wagen können Sie oft darauf verzichten. Für neuere Autos sollten Sie die zusätzlichen Beiträge einplanen.

> ✖ **Selbst zahlen**
>
> So ärgerlich es ist: Gerade bei kleinen Unfällen lohnt es sich häufig, den Schaden selbst zu zahlen und sich das Geld nicht vom Versicherer zurückzuholen. Denn wenn zum Beispiel der Vollkaskoversicherer nach einem Einpark-Missgeschick die Kosten für die Reparatur des eigenen Fahrzeugs übernimmt, müssen Sie im nächsten Jahr meist mit höheren Versicherungsbeiträgen rechnen. Diese zusätzlichen Beiträge können mehr kosten als die Reparatur selbst. Lassen Sie sich bei Ihrer Versicherungsgesellschaft ausrechnen, was für Sie günstiger ist. Bei Schäden aus der Teilkaskoversicherung wird der Beitrag allerdings nicht angehoben.

Was zusätzlich sinnvoll ist

Mit Haftpflicht- und Gesundheitsabsicherung ist der wichtigste Schutz, den jeder haben sollte, genannt. Zusätzlich haben die Versicherer viele weitere Angebote parat. Viele von diesen brauchen Sie nicht unbedingt, bei anderen lohnt es sich, darüber auch schon mit unter oder Anfang 20 nachzudenken. Denn je früher der Vertrag abgeschlossen wird, desto günstiger ist der Schutz.

Berufsunfähigkeitsversicherung

Bestes Beispiel dafür, dass sich ein früher Vertragsabschluss auszahlen kann, ist die Berufsunfähigkeitsversicherung. Mit diesem Vertrag können sich auch schon Auszubildende und Studenten für den Fall schützen, dass sie durch Krankheit, Unfall oder Invalidität nicht mehr in ihrem Beruf arbeiten können. Dieser zusätzliche Schutz ist gerade zu Beginn des Berufslebens besonders wichtig, um im Ernstfall, wenn Sie gar nicht mehr arbeiten können, zumindest eine sichere Einnahmequelle zu haben.

Junge Leute haben einen Nachteil gegenüber Arbeitnehmern, die schon mehrere Jahre im Beruf stehen. Denn erst wenn ein angestellt Beschäftigter bereits mindestens fünf Jahre in die gesetzliche Rentenversicherung eingezahlt hat, hat er Anspruch auf eine gesetzliche Erwerbsminderungsrente, wenn er in keinem Beruf mehr arbeiten kann – wenn er also erwerbsunfähig ist. Diese Erwerbsminderungsrente allein reicht zum Leben zwar meist nicht aus, doch sie ist zumindest ein Anfang. Berufseinsteiger und Studenten können selbst auf diese Mindestabsicherung nicht hoffen, wenn sie bisher nur wenige Monate oder noch gar nicht in die Rentenkasse eingezahlt haben. Damit bleibt für sie nur eine private Versicherung, wenn sie im Ernstfall nicht ganz ohne Geld dastehen wollen.

Was zusätzlich sinnvoll ist

> **ℹ Berufs- und Erwerbsunfähigkeit**
>
> Ist jemand berufsunfähig, kann er seinen Beruf nicht mehr ausüben. Berufsunfähigkeit ist eine von einem Arzt bestätigte, andauernde Beeinträchtigung der Berufsausübung aufgrund von Krankheit, Unfall oder Invalidität. Private Versicherer zahlen, wenn Sie Ihren Beruf nicht mehr zu mindestens 50 Prozent ausüben können.
>
> Erwerbsunfähig ist jemand, der aufgrund einer so gravierenden Behinderung oder Krankheit nicht mehr in der Lage ist, in irgendeinem Beruf für mehr als zwei bis drei Stunden am Tag zu arbeiten. Der erlernte Beruf spielt keine Rolle.

Allerdings gehört die Berufsunfähigkeitsversicherung, die im Ernstfall eine regelmäßige Rente auszahlt, zu den teureren Verträgen. Je nach Beruf und Höhe der vereinbarten Rente müssen Sie im Regelfall mit Beiträgen zwischen 300 und 1000 Euro im Jahr rechnen. Ob Sie sich das bei einem niedrigen Ausbildungsgehalt oder mit Studentenjobs leisten können und wollen, müssen Sie selbst entscheiden.

Wenn Sie es können oder jemanden in der Familie haben, der Sie bei den Beiträgen finanziell unterstützen kann, ist es sinnvoll, möglichst früh diesen Versicherungsvertrag abzuschließen. Denn je früher Sie einsteigen, je jünger und gesünder Sie sind, desto größer ist die Chance, den Vertrag zu einem günstigen Preis zu bekommen. Der Versicherer stellt bei Vertragsabschluss Fragen zu Ihrem Gesundheitszustand, die Sie korrekt beantworten müssen. Zeigt sich bei diesen Fragen, dass Sie Vorerkrankungen wie beispielsweise eine schwere Knieverletzung oder Allergien haben, kann er Ihnen den Vertragsabschluss verweigern, die Leistung bei bestimmten Erkrankungen ausschließen oder zumindest höhere Beiträge verlangen, weil ihm das Risiko zu groß ist.

Wenn Sie sich erst einmal nur einen Vertrag mit einer niedrigen Rente leisten können, steigen Sie mit diesem niedrigen Wert ein. Achten Sie dann aber darauf, dass Ihr Vertrag beispielsweise eine Nachversicherungsgarantie enthält. Dann haben Sie die Möglichkeit, zum Beispiel beim Wechsel Ihres Jobs, bei einer Hochzeit oder der Geburt eines Kindes die vereinbarte Rente zu erhöhen, ohne erneut die Gesundheitsfragen beantworten zu müssen. Selbst wenn Sie in der Zwischenzeit eine neue Verletzung oder schwere Krankheit hatten, kann der Versicherer dann nicht deshalb zusätzliche Beiträge von Ihnen verlangen.

Zuerst womöglich nur Erwerbsunfähigkeitsschutz

Bei vielen privaten Versicherern können sich Studierende allerdings zunächst nur gegen Erwerbsunfähigkeit absichern. Können Sie nur einen solchen Vertrag abschließen, bekommen Sie nur dann eine Rente, wenn Sie in gar keinem Beruf mehr arbeiten können. Geht das Studium dem Ende entgegen, also beispielsweise zwei oder drei Semester vor Schluss, oder bei Antritt des ersten Jobs, wird dieser Schutz dann in eine Absicherung gegen Berufsunfähigkeit umgewandelt. Erkundigen Sie sich vor Vertragsabschluss, welche Möglichkeiten der angebotene Tarif hier bietet.

Alle Versicherer gehen aber auch nicht so vor. Deshalb sollten Sie nicht das erstbeste Angebot unterschreiben, sondern sich die Zeit nehmen, mehrere Tarife zu vergleichen. Denn je nach Anbieter kann es auch sein, dass Sie bereits als angehender Akademiker von Beginn des Studiums an eine richtige Absicherung gegen Berufsunfähigkeit erhalten.

Fazit: Wenn es finanziell drin ist, sollten Sie die Berufsunfähigkeitsversicherung auch schon während der Ausbildung haben. Spätestens mit dem Einstieg in die „richtige" Arbeitswelt sollten Sie aber einen Vertrag abschließen.

Private Unfallversicherung

Deutlich günstiger als die Berufsunfähigkeitsversicherung ist eine private Unfallversicherung. Gute Verträge sind bereits ab etwa 100 Euro im Jahr zu haben. Im Vergleich zur Berufsunfähigkeitsversicherung hat die Unfallversicherung aber einen entscheidenden Nachteil: Sie zahlt, wie der Name schon sagt, für die Folgen von Unfällen, nicht aber für Behinderungen, zu denen es aufgrund einer Krankheit kommt. Deutlich mehr Schutz für den Fall, dass Sie aufgrund einer Erkrankung nicht mehr arbeiten können, bietet somit die Berufsunfähigkeitsversicherung.

Trotzdem kann die private Unfallversicherung sinnvoll sein. Wer einen solchen Vertrag hat, ist zum Beispiel bei sämtlichen Freizeitaktivitäten von Inlineskaten über Schwimmen im Badesee bis hin zum Skifahren geschützt. Verletzt sich der Versicherte bei einem Unfall so schwer, dass er auf Dauer körperlich beeinträchtigt ist, zahlt der Versicherer eine vertraglich vereinbarte Summe oder je nach Angebot eine regelmäßige Rente aus. Wie hoch die Zahlungen sind, hängt auch davon ab, wie schwer die Unfallfolgen sind.

Für die Zeit am Arbeitsplatz oder in der Universität ist eine private Unfallversicherung aber oft entbehrlich. Denn im Hörsaal, im Büro oder auf dem direkten Weg dorthin gilt der Schutz der gesetzlichen Unfallversicherung.

Ein Beispiel: Verletzt sich eine Studentin im Hörsaal bei einem Sturz schwer, würde die gesetzliche Unfallversicherung für die medizinische Behandlung und notwendige Reha-Maßnahmen aufkommen.

Fazit: Die Berufsunfähigkeitsversicherung sollte an erster Stelle stehen, doch wenn Sie sich diesen Vertrag nicht leisten können, deckt die Unfallversicherung zumindest ein Teilrisiko ab. Für die Freizeit bietet sie zusätzliche Sicherheit.

> ✖ **Vorsicht Umweg**
>
> Der Weg zur Arbeit oder zur Uni ist über die gesetzliche Unfallversicherung geschützt.
>
> Doch Vorsicht, wenn Sie einen Umweg machen und vor dem Seminar noch mal eben zum Bäcker gehen oder auf dem Weg von der Arbeit nach Hause bei einer Freundin vorbeischauen. Passiert dann etwas, kommt der gesetzliche Unfallversicherer nicht dafür auf.
>
> Die private Unfallversicherung zahlt unabhängig davon, ob im Job oder in der Freizeit etwas passiert.

Hausratversicherung

Der Auszug von zuhause – muss da nicht eine Hausratversicherung her, die zum Beispiel bei Einbruch oder Raub, bei Feuer, Sturm oder ausgetretenem Leitungswasser für Schäden an den Einrichtungsgegenständen aufkommt? Diese weitverbreitete Meinung stimmt nur bedingt. Denn wer beispielsweise in einem WG-Zimmer oder im Zimmer des Studentenwohnheims nur die notwendigsten Möbel und Einrichtungsgegenstände hat, braucht diese Versicherung noch nicht unbedingt. Der Schaden dürfte sich noch in Grenzen halten, wenn tatsächlich eingebrochen wird oder beispielsweise die Waschmaschine ausläuft und das Wasser die eigenen Teppiche oder das Regal beschädigt. Und sollte das Wasser aus Ihrer eigenen Waschmaschine in den Zimmern oder Wohnungen der Nachbarn Spuren hinterlassen, wäre das kein Fall für die Hausratversicherung, sondern für Ihre Privathaftpflichtversicherung, die in dem Fall einspringen müsste.

Hat Ihre Einrichtung einen höheren Wert, weil Sie einen Flachbildfernseher, Computer und eine Musikanlage in der Wohnung haben, lohnt sich der Hausratschutz häufig doch. Bei Diebstahl oder kompletter Zerstörung ersetzt der Versicherer Ihnen den Neuwert, oder er zahlt für die Reparatur, wenn Sie die Einrichtung bzw. Geräte danach weiter nutzen können.

Der Preis für die Versicherung richtet sich nach dem Wert der Einrichtung und dem Wohnort. Den Wohnort wollen die Versicherer wissen, weil sie mithilfe von Einbruchstatistiken ermitteln, wie hoch das Risiko für sie ist.

Schutz über die Eltern möglich

Bevor Sie eine eigene Hausratversicherung abschließen, sollten Sie aber erneut erst mit dem Versicherer Ihrer Eltern sprechen. Denn selbst wenn Sie bereits ausgezogen sind, kann es sein, dass der Schutz der Familienversicherung für Sie weiterhin ausreicht.

Ein Beispiel: Verbringen Sie die Zeit von Montag bis Freitagmittag im Studentenwohnheim oder in Ihrer WG, haben Sie aber Ihr Zimmer und auch den eigentlichen Lebensmittelpunkt noch im Haus der Eltern, besteht bei vielen Versicherern die Möglichkeit, das Studentenzimmer über deren Vertrag mit abzusichern. Häufig bieten die Versicherer an, den Auszubildenden-Hausrat mit 10 Prozent der Versicherungssumme der Eltern zu schützen. Wenn also die Einrichtung im Elternhaus mit 80 000 Euro versichert ist, wäre der Hausrat im WG-Zimmer mit 8 000 Euro abgesichert. In der Regel begrenzen die Hausratversicherer diese Außenversicherung aber auf 10 000 Euro.

Urlaubsreisen, Überspannung, Fahrrad

Die Hausratversicherung kann auch auf Urlaubsreisen Schutz bieten, wenn etwa der Rucksack aus dem verschlossenen Hotelzimmer gestohlen wird oder wenn Reisende auf offener Straße überfallen werden. Der Versicherer will dann allerdings einen Bericht von der Polizei sehen, der bestätigt, dass das Geschehene angezeigt wurde.

Achten Sie bei Vertragsabschluss aber auch darauf, dass der Schutz wirklich zu Ihrer Einrichtung passt. In Wohnungen mit vielen technischen Geräten bedeutet das zum Beispiel, dass Überspannungsschäden ausreichend hoch geschützt sein müssen. Wenn der Blitz in die Stromleitungen einschlägt und dadurch die eigenen Geräte lahmgelegt werden, springt der Versicherer ein. Je nach Tarif kann es aber sein, dass dieser Schutz nicht immer mit drin ist oder nicht hoch genug ist. Dann sollten Sie ihn mit abschließen oder aufstocken.

Ähnlich ist es, wenn Sie Ihr Fahrrad absichern wollen. Manchmal ist der Diebstahl von Fahrrädern bis zu einem gewissen Anteil an der Versicherungssumme mit im Vertrag eingeschlossen. Für ein teures Rad reicht das aber womöglich nicht aus, sodass Sie den Schutz erhöhen sollten. Einige Versicherer zahlen unabhängig davon, wann das Rad ge-

Fahrradversicherung

Wer ein teures Fahrrad hat, denkt vielleicht auch über eine spezielle Fahrradversicherung nach. Die benötigen Sie aber nur, wenn das Rad über die Hausratversicherung nicht hoch genug abgesichert ist. Achten Sie aber auch vor Abschluss der Fahrradversicherung darauf, unter welchen Bedingungen der Versicherer überhaupt bei Diebstahl oder Zerstörung des Rades zahlt.

stohlen wurde. Andere zahlen nicht, wenn das Rad draußen gestanden hat und zwischen 22 Uhr abends und 6 Uhr morgens gestohlen wurde, auch wenn es abgeschlossen war.

Fazit: Sparen Sie sich die Beiträge für eine eigene Hausratversicherung – wenn Ihre Einrichtung noch spärlich ist oder wenn Sie noch über Ihre Eltern versichert bleiben können. Wer einen eigenen Vertrag braucht, sollte sich um passenden Schutz kümmern, damit die wirklich wichtigen Dinge wie Notebook oder Fahrrad gut genug geschützt sind.

Rechtsschutzversicherung

Wertvoll kann der Rat eines Rechtsanwalts sein, wenn Sie mit einem anderen Verkehrsteilnehmer, Ihrem Vermieter oder Arbeitgeber streiten. Trotzdem sollten Sie ein Angebot für eine Rechtsschutzversicherung, die für Anwaltskosten aufkommt, gut prüfen. Brauchen Sie den Schutz wirklich?

Für alle, die zum Beispiel häufig als Autofahrer unterwegs sind, ist Verkehrsrechtsschutz sehr zu empfehlen. Dann können sich die Fahrer auf Kosten des Versicherers etwa nach einem Unfall Hilfe beim Anwalt holen. Auch hier reicht aber unter Umständen die Familienversicherung der Eltern aus, sodass ein eigener Vertrag nicht notwendig ist. Rechtsschutzversicherer bieten weiteren Schutz an, beispielsweise wenn es Streit mit dem Vermieter gibt. Doch es gibt Alternativen. Sie können als Mitglied in einem Mieterverein oder auch bei der Verbraucherzentrale Rechtsexperten ansprechen, die Ihnen weiterhelfen. Auszubildende im Betrieb können sich bei Problemen an ihren Betriebsrat oder auch die Gewerkschaften wenden anstatt gleich Versicherungsbeiträge für Arbeitsrechtsschutz zu zahlen.

Fazit: Die Rechtsschutzversicherung ist nicht so wichtig wie Haftpflicht- oder Berufsunfähigkeitsschutz. Als Auto- oder Radfahrer kann sich aber der Verkehrsrechtsschutz lohnen.

Versicherungen für die Altersvorsorge

„Gerade volljährig – und dann soll ich schon an die Rente denken?" Der erste Gedanke gilt natürlich zunächst dem richtigen Berufsleben und noch nicht der Zeit danach. Trotzdem sollte das Thema nicht ganz in Vergessenheit geraten, denn es ist sinnvoll, möglichst früh mit dem Sparen für später zu beginnen: die gesetzliche Rente im Alter wird nicht reichen, um den Lebensstandard von heute zu sichern.

Versicherungsverträge wie etwa eine private Rentenversicherung können ein Baustein für die Altersvorsorge sein. Wer bereits für das Rentenalter sparen will und auch finanziell dazu in der Lage ist, sollte aber zuerst prüfen, ob er mit staatlicher Hilfe vorsorgen kann. Auszubildende haben zum Beispiel die Möglichkeit, über einen Riester-Vertrag für das Alter zu sparen (→ Seite 154).

Kommt das „Riestern" nicht infrage, sind die privaten Versicherungsverträge zur Vorsorge meist trotzdem nicht die erste Wahl. Denn mit einem solchen Vertrag gehen Sie über viele Jahre eine Verbindung mit dem Versicherer ein. Können Sie sich dann irgendwann die vereinbarten Beiträge nicht mehr leisten, weil Sie nicht den passenden Job finden, und wollen Sie die Versicherung dann kündigen, bekommen Sie meist weniger Geld heraus als Sie eingezahlt haben. Solange Sie also nicht abschätzen können, welche finanziellen Möglichkeiten Sie haben, sollten Sie eher auf flexiblere Anlagen wie Sparprodukte der Banken setzen (→ Seite 59). Versicherungen zur Altersvorsorge können Sie auch noch später abschließen.

Versicherungen, die Sie nicht brauchen

Versicherung von Einzelprodukten. Notebook, Smartphone und andere hochwertige technische Geräte sind aus dem Alltag fast nicht mehr wegzudenken. Und natürlich ist es ärgerlich, wenn die teuer bezahlten Stücke kaputt gehen oder gestohlen werden. Trotzdem sollten Sie keine Versicherung für bestimmte Einzelprodukte abschließen, die vor den Folgen von Diebstahl oder Beschädigung schützt. Das Preis-Leistungs-Verhältnis stimmt bei diesen Versicherungen meistens nicht. Günstiger ist es, selbst etwas Geld zum Beispiel auf einem Tagesgeldkonto zur Seite zu legen, um wenn nötig eine Reparatur aus eigener Tasche bezahlen zu können. Außerdem ist nicht garantiert, dass die Versicherung tatsächlich immer dann zahlt, wenn man es sich wünscht. Wird ein Notebook gestohlen, weigert sich der Versicherer womöglich, komplett für den Verlust zu zahlen, wenn er dem Kunden vorwerfen kann, dass er nicht gut genug auf sein Gerät aufgepasst hat.

Reisegepäckversicherung. Ähnlich ist es mit einer Reisegepäckversicherung. Auch dieser Vertrag, der Schutz bei Diebstahl oder Beschädigung von Urlaubsutensilien bietet, ist meistens überflüssig. Zum einen sind die Vertragsbedingungen häufig sehr streng, sodass es nicht leicht ist, bei Diebstahl tatsächlich Ersatz zu bekommen. Zum anderen ist Ihr Reisegepäck zumindest bei Reisen bis zu drei Monaten bereits geschützt, wenn Sie eine Hausratversicherung in Deutschland haben – zumindest bei einem Einbruchdiebstahl aus dem Hotelzimmer.

Neues Zuhause:
Raus aus dem „Kinderzimmer"

Das passende Zuhause finden

Vor allem der Beginn des Studiums ist der passende Augenblick, zu Hause auszuziehen: 65 Prozent aller Studierenden im Erststudium wohnen außerhalb des Elternhauses. Das hat das Deutsche Studentenwerk 2009 bei seiner Sozialerhebung ermittelt. Wenn man die Auszubildenden in Betrieben und alle anderen jungen Leute dazunimmt, zeigt sich insgesamt, dass junge Frauen den Absprung früher als junge Männer schaffen: Töchter leben im Durchschnitt bis kurz vor ihrem 24. Geburtstag bei Mutter und Vater, Söhne nutzen bis kurz nach dem 25. Geburtstag die Vorteile des Elternhauses.

Für alle, die vor dem Sprung ins eigene „richtige" Leben stehen, stellt sich zuerst die Frage, wie sie überhaupt in Zukunft wohnen wollen und was sie sich leisten können: Gleich eine eigene kleine Wohnung oder doch lieber ein WG-Zimmer? Kommt vielleicht auch ein Zimmer im Studentenwohnheim infrage oder ein Platz im Schwesternwohnheim, wo man auch gleich engen Kontakt zu anderen Auszubildenden knüpfen kann?

Ob Sie mit anderen zusammenleben oder lieber allein sein wollen, müssen Sie selbst entscheiden. Vielleicht haben Sie aber auch gar keine Wahl, wenn das finanzielle Polster begrenzt ist. Damit Sie besser kalkulieren können, was überhaupt möglich ist, nennen wir Ihnen hier zunächst die Posten, die unter anderem auf Sie zukommen können, wenn Sie sich für eine Wohnung oder ein WG-Zimmer auf dem freien Wohnungsmarkt entscheiden.

Kaltmiete. Wie viel Miete für eine Wohnung fällig wird, hängt unter anderem von der Lage, der Größe, der Ausstattung und von der Anbindung an den öffentlichen Nahverkehr ab. Mithilfe des sogenannten Mietspiegels, den die Städte oder auch die größeren Gemeinden aufstellen, können Sie herausfinden, wie hoch die Mieten an Ihrem künftigen Wohnort in etwa sind. Bei Neuvermietungen ist der Mietspiegel allerdings nicht bindend. Wenn Sie sich beispielsweise für eine 35 Quadratmeter große Wohnung in Konstanz interessieren, zeigt der Mietspiegel, dass Sie mit einem Preis pro Quadratmeter von zum Teil sogar über 9 Euro rechnen müssen, in Greifswald werden dagegen je nach Ausstattung oft zwischen 4 und 5 Euro fällig.

Heizung und weitere Nebenkosten. Das Öl oder Gas, das Sie zum Heizen verbrauchen, kostet extra Geld. Zusätzlich kommen weitere Ausgaben auf Sie zu, zum Beispiel für Wasser und Abwasserbeseitigung, Müllabfuhr und Straßenreinigung.

Andere regelmäßige Ausgaben. Rechnen Sie damit, dass für Strom, Telefon und Internet sowie Versicherungen regelmäßige Posten auf Sie zukommen. Auch die Gebühreneinzugszentrale (GEZ) verlangt regelmäßig ihren Anteil für Fernsehen und Radio, es sei denn Sie beziehen BAföG oder Berufsausbildungsbeihilfe.

Kaution. Gerade beim Einzug belastet ein weiterer dicker Posten das eigene Konto: Der Vermieter verlangt eine Kaution, die häufig bei zwei oder – laut Gesetz höchstens – drei Monatskaltmieten liegen wird. Das Geld dient ihm als Sicherheit, zum Beispiel, wenn Sie in der Wohnung einen Schaden anrichten und nicht dafür aufkommen. Das eingezahlte Geld muss der Vermieter für Sie für die Dauer der Mietzeit anlegen, wenn Sie ausziehen, bekommen Sie es zurück. Allerdings hat der Vermieter eine sogenannte Prüffrist von mindestens zwei bis höchstens sechs Monaten, und muss erst danach über die Kaution abrechnen. Sind dann Betriebskosten noch nicht abgerechnet, kann er einen Teilbetrag aus der Kaution sogar noch länger behalten.

Maklerprovision. Noch teurer wird die Wohnungssuche, wenn Sie nicht selbst suchen, sondern die Hilfe eines Immobilienmaklers in Anspruch nehmen. Kommt mit seiner Unterstützung ein Mietvertrag zustande, müssen Sie damit rechnen, bis zu zwei Monatskaltmieten plus 19 Prozent Mehrwertsteuer als Provision oder Courtage für diese erfolgreiche Vermittlung zu zahlen. Bei einer Monatskaltmiete von 300 Euro macht das immerhin 714 Euro, die einmalig weggehen können.

Renovierung. Womöglich ist die neue Wohnung nicht so, wie Sie sie wollen: Es fehlt ein Teppich oder Laminat, die Wände sind zwar in strahlendem Weiß, aber Sie wünschen sich Farbe.

Einrichtung. Nur die kahle Wohnung allein lädt nicht zum Wohnen ein. Deshalb kommen weitere Ausgaben auf Sie zu für Möbel und alles, was Sie sonst an Einrichtungsgegenständen benötigen. Mieten Sie zunächst eine möblierte Wohnung, müssen Sie zwar weniger einkaufen, doch dafür zahlen Sie meist etwas mehr Miete.

> **✖ Lesetipp**
>
> Neuer Teppich, neue Tapeten, neue Farbe: Zahlreiche Tipps und Hilfestellungen für die Renovierung bietet der Ratgeber: „Renovieren – preiswert und umweltschonend", den Sie für nur 5 Euro bei der Verbraucherzentrale bekommen können (⇢ Seite 216).

Günstigere Alternativen

Als Mieter eines WG-Zimmers kommen natürlich auch diverse Ausgaben auf Sie zu – mit dem Vorteil, dass Sie zum Beispiel für Kaltmiete und Nebenkosten sowie für die Einrichtung der Küche nur anteilig zahlen müssen. Noch günstiger können Sie häufig wohnen, wenn Sie sich gegen den „freien" Wohnungsmarkt entscheiden und zum Beispiel ein Zimmer oder ein kleines Apartment im Studentenwohnheim nehmen oder in eine von Ihrem Ausbildungsbetrieb bereitgestellte Unterkunft ziehen. Ein Zimmer im Studentenwohnheim kostet nach den Erhebungen des Studentenwerks im Schnitt

> ✖ **Wohnheim**
>
> Erkundigen Sie sich bei Ihrem Ausbildungsbetrieb, ob es günstige Firmenwohnungen oder Unterkünfte für Auszubildende gibt. Als Student wenden Sie sich an das örtliche Studentenwerk, das die jeweiligen Wohnheime betreibt (eine Adressübersicht finden Sie unter www.studentenwerke.de/stw/default.asp). Bestimmte Wohnanlagen sind besser ausgestattet als andere und dementsprechend auch besonders beliebt. Zögern Sie deshalb Ihre Entscheidung nicht zu lange hinaus.

220 Euro im Monat und liegt damit deutlich unter den Ausgaben, die Studenten durchschnittlich für ihre Miete haben (281 Euro im Monat).

Je nach Anlage und Einrichtung bieten etwa die Wohnanlagen der Studentenwerke unterschiedliche Formen von Unterkünften: zum Beispiel Einzelzimmer mit Gemeinschaftsküche, abgeschlossene Apartments mit Dusche und kleiner Küche oder auch Wohngemeinschaften. Zusätzlich gibt es in vielen Anlagen Gemeinschaftsräume sowie Wasch- und Trockenräume.

Eine günstige Wohnalternative ganz anderer Art kann sich in vielen Städten sichern, wer bereit ist, seinem Mitbewohner oder seiner Mitbewohnerin bei der Hausarbeit oder beim Einkaufen oder bei der Nachhilfe für die Kinder zu unterstützen. Unter dem Motto „Wohnen für Hilfe" ist es in mehreren Städten mittlerweile gelungen, zum Beispiel Familien, Senioren oder Menschen mit Behinderung mit Studenten oder Auszubildenden in Kontakt zu bringen. Die einen stellen ein Zimmer in ihrer Wohnung zu einem günstigen Preis zur Verfügung, die anderen unterstützen sie dafür bei ganz alltäglichen Dingen vom Einkaufen bis zur Gartenarbeit. Jeder-

> @ **Wohnen für Hilfe**
>
> Hintergrundinfos zur günstigen Wohnungsalternative finden Sie unter www.wohnenfuerhilfe.info. Dort erfahren Sie unter anderem, in welchen Städten es diese Initiative gibt und wer dort jeweils die Ansprechpartner sind. Fragen Sie sonst auch bei den Studentenwerken nach.

manns Sache ist diese Wohnform zwar nicht, aber wenn Sie sich vorstellen können, den Haushalt nicht nur mit Studenten oder anderen jungen Leuten zu teilen, haben Sie die Chance, die Ausgaben für Ihre Miete in Grenzen zu halten. Wie viel und welche Tätigkeiten Sie für den günstigen Wohnraum erledigen müssen, wird vorab vertraglich festgelegt. Dabei orientieren Mieter und Vermieter sich meist an folgender Rechenformel: Ein gemieteter Quadratmeter Wohnfläche bedeutet eine Stunde Hausarbeit pro Monat. Wenn es also um ein 20 Quadratmeter großes Zimmer geht, kann es sein, dass Sie etwa 20 Stunden Arbeit pro Monat vereinbaren oder zum Beispiel 10 Stunden mithelfen und folglich für das Zimmer die Hälfte des eigentlichen Mietpreises zahlen.

Die richtige Wahl

Je nach Stadt und Wohnlage kann es schwierig werden, die passende Wohnung oder das passende Zimmer zu einem bezahlbaren Preis zu bekommen. Für die Suche sollten Sie deshalb genügend Zeit einplanen. Wenn Sie Angebote vergleichen, sollten Sie stutzig werden, wenn für eine Wohnung besonders niedrige Nebenkosten angesetzt werden. Dadurch erscheint die Wohnung insgesamt günstiger, aber letztlich drohen hohe Nachzahlungen. Der Deutsche Mieterbund gibt an, dass Nebenkosten von etwa 3,00 Euro (West) sowie 2,50 Euro (Ost) je Quadratmeter Wohnfläche pro Monat realistisch sind, wobei etwa die Hälfte für Heizung und Warmwasser anfällt. Diese Werte können aber auch höher liegen.

Neben dem Preis und der Frage, wie Sie wohnen wollen, ist außerdem wichtig, wie die Wohnlage ist:
- Wie weit ist der Weg zur Uni?
- Sind die Busverbindungen so, dass Sie problemlos um 6 Uhr bei der Frühschicht im Krankenhaus sein können?
- Wie weit ist es zum Supermarkt?
- Gibt es einen Stellplatz für Ihr Auto?

Die wichtigsten Abkürzungen in Wohnungsanzeigen

\multicolumn{2}{l}{In den Wohnungsanzeigen tauchen bestimmte Abkürzungen immer wieder auf, hier die wichtigsten Stichwörter und ihre Kürzel}	
WG	Wohngemeinschaft
Whg	Wohnung
Ap/App	Apartment/Appartement
2ZKB	Zwei Zimmer, Küche, Bad. Küche, Bad und Diele zählen nicht als „Zimmer", sondern werden extra genannt.
2-RW	Kann je nach Wohnort auch in einer Anzeige stehen und bedeutet Zwei-Raum-Wohnung
2ZKBB	Die Zwei-Zimmer-Wohnung hat einen Balkon.
EG	Erdgeschoss
DG	Dachgeschoss
2. OG	Zweites Obergeschoss
KM/NKM	Kaltmiete oder Nettokaltmiete: Die Miete, die ohne jegliche Nebenkosten zu zahlen ist.
WM	Warmmiete: Nettokaltmiete plus Heizkosten. Je nachdem, wie viel Öl oder Gas der Mieter verbraucht, kann die Warmmiete letztlich über oder unter dem Wert liegen, der in der Anzeige genannt worden war.
NK	Nebenkosten, Ausgaben zum Beispiel für Müllabfuhr oder Hausmeister. Womöglich sind in diesem Wert auch die Heizkosten untergebracht.
WBS	Wohnberechtigungsschein. Sie benötigen ihn, wenn Sie in eine öffentlich geförderte und damit günstige Wohnung (Sozialwohnung) ziehen wollen.
2 MM Kaution	Der Vermieter verlangt zwei Monatsmieten als Kaution – quasi als Sicherheit, zum Beispiel für Schäden, die Sie in der Wohnung hinterlassen. Gibt es keine Probleme, erhalten Sie die Kaution zurück.
2 MM zzgl. Mwst. Provision	Kommt der Mietvertrag über einen Makler zustande, kann dieser bis zu zwei Monatsmieten Provision verlangen – zwei Monatsmieten ohne Nebenkosten, aber zuzüglich 19 Prozent Mehrwertsteuer.

Wenn Sie einen Überblick haben, müssen Sie sich womöglich entscheiden, was Ihnen wichtiger ist – 30 Euro gesparte Miete oder eine gute Verbindung zur Arbeit?

Wohnungs- und Zimmerangebote finden Sie über das Internet, über Immobilienanzeigen in Tageszeitungen, Stadtmagazinen oder Studentenzeitungen oder auch über die

Wohnung finden

Aktuelle Wohnungsangebote finden Sie zum Beispiel über die Internetseiten der lokalen Tageszeitungen und Stadtmagazine.

Die folgenden Seiten im Internet können Sie zusätzlich kostenlos durchstöbern:
- www.immobilienscout24.de
- www.wg-gesucht.de
- www.wohnung-gesucht.de
- www.studenten-wg.de
- www.studenten-wohnung.de

Schwarzen Bretter an der Hochschule. Zusätzlich bieten fast alle Studentenwerke neben ihren eigenen Unterkünften in Wohnheimen auch eine Vermittlungsstelle für freien Wohnraum an. Außerdem lohnt es sich natürlich, sich im Bekanntenkreis umzuhören, ob dort jemand jemanden kennt, der gerade ein Zimmer frei hat. Zu Beginn reicht vielleicht auch ein Zimmer zur Zwischenmiete. Wenn Sie vorübergehend irgendwo einziehen, können Sie in Ruhe vor Ort weitersuchen.

Unterstützung sichern

Unter bestimmten Voraussetzungen können Sie sich für die Wohnungssuche und -finanzierung Hilfe holen:

Wohnberechtigungsschein. In diversen Wohnungsanzeigen oder Annoncen im Internet finden Sie die Ergänzung „nur mit WBS" oder „nur mit Wohnberechtigungsschein". Die angepriesenen Wohnungen können dann nur Personen mieten, die beim Wohnungsamt ihrer Stadt oder Gemeinde nachgewiesen haben, dass sie ein geringes Einkommen haben und deshalb eine aus öffentlichen Mitteln geförderte Wohnung beziehen dürfen (Sozialwohnung). In Bonn liegt diese Grenze zum Beispiel bei einem Einkommen von 17 000 Euro im Jahr für einen Einpersonenhaushalt. Nur wenn Sie unter dem Wert bleiben, bekommen Sie den Schein.

Den WBS beantragen Sie beim Wohnungsamt Ihrer Stadt oder Gemeinde. Als Ergänzung zum Antrag müssen Sie meist Ihren Steuerbescheid aus dem vergangenen Jahr oder andere Belege über Ihr Einkommen einreichen. Eine Garantie, tatsächlich eine günstige Sozialwohnung zu bekommen, haben Sie damit allerdings nicht.

Wohngeld. Weisen Sie bei der Stadt ein niedriges Einkommen nach, ist eine weitere Förderung möglich: Sie können Wohngeld als Zuschuss zur Mietwohnung bekommen. Aber: Die Hürden für diesen Zuschuss, der je nach Einkommen und Mietpreis für eine angemessene Wohnung bei einigen Hundert Euro liegen kann, sind hoch. Wenn Sie zum Beispiel BAföG oder Berufsausbildungsbeihilfe bekommen, können Sie sich den Wohngeldantrag in der Regel gleich sparen. Bekommen Sie kein BAföG, weil Ihr Einkommen oder das Ihrer Eltern zu hoch ist, gehen Sie beim Wohngeld ebenfalls leer aus. Wenn Sie allerdings kein BAföG bekommen, weil Sie zum Beispiel für die Förderung schon zu alt sind und keinen Anspruch mehr auf die Ausbildungsförderung haben, kann es sein, dass ihr Antrag erfolgreich ist.

Wohngeld

Ausführliche Informationen zum Wohngeld, zum Antrag und zu den Berechnungsgrundlagen finden Sie über die Internetseite des Bundesbauministeriums (www.bmvbs.de, Stichwort „Bauen und Wohnen", „Wohnraumförderung") sowie über die Internetseiten Ihrer Kommune.

Besichtigen heißt bewerben

Wenn Sie nun wissen, wie viel eine Wohnung oder ein WG-Zimmer bei Ihrem Budget kosten darf, und wenn Sie passend dazu ein paar Anzeigen gefunden haben, steht mit der Besichtigung der nächste Schritt an. Ganz einfach ist es nicht, das zu bekommen, was einem am besten gefällt:

WG-Zimmer. Einen neuen Mitbewohner schauen sich die bisherigen Bewohner meist ganz genau an. Aber auch Sie sollten genau hinsehen. Wenn Sie merken, dass Sie nicht zu den anderen passen oder dass Ihnen die Wohnung und die dortigen Regeln nicht liegen, lassen Sie es gleich bleiben und suchen Sie weiter. Wenn Sie merken, dass es funktionieren könnte: Fragen Sie nach, was auf Sie zukommt, etwa in Sachen Putzplan oder gemeinschaftliche Kochabende. Klären Sie so viele Punkte wie möglich vor dem Einzug, damit Sie nicht nach den ersten Wochen frustriert feststellen, dass die Mitbewohner zum Beispiel mehr an Gemeinschaftsaktivitäten erwarten als Sie wollen.

Wohnung. Als Auszubildender oder Student haben Sie womöglich bei manchem Vermieter schlechte Karten. Können Sie sich die Wohnung überhaupt leisten? Werden Sie womöglich regelmäßig mit Freunden feiern? Besteht die Gefahr, dass die Wohnung durch Sie im Chaos versinkt? Um dem Vermieter die grundsätzliche Skepsis so weit wie möglich zu nehmen, hilft es häufig, wenn Sie einen offenen und sympathischen Eindruck hinterlassen. Dazu gehört auch ordentliche Kleidung und die Bereitschaft, auf bestimmte Fragen des Vermieters Auskunft zu geben. Je nach Vermieter kann es auch helfen, wenn ein Elternteil mit dabei ist oder wenn Sie ein Schreiben (Bürgschaft) vorlegen können, dass Ihre Eltern einspringen, wenn es finanziell eng wird.

Achtung: Alles, was der Vermieter vielleicht von Ihnen wissen will, müssen Sie nicht automatisch beantworten. Fragt er zum Beispiel nach Ihren Freunden, nach Ihrem Musikgeschmack oder ob Sie einen Partner haben und Kinder geplant sind, können Sie auch falsche Angaben machen. Fragt er hingegen nach Ihrem Einkommen und Ihrem Beruf oder Ihrer Ausbildung, müssen Sie wahrheitsgemäße Angaben machen, damit der Vermieter abschätzen kann, ob er von Ihnen die zu zahlende Miete auch bekommt.

Umgekehrt gilt natürlich auch, dass Sie sich ein genaues Bild machen sollten – nicht nur von möglichen Mitbewohnern, sondern auch von der Wohnung an sich. Neben der Größe und dem Zuschnitt sind einige Punkte interessant, die hinterher bares Geld wert sein können – zum Beispiel, weil Sie sich hohe Nebenkosten sparen. Hier ein paar Beispiele:

Heizung/Energie. Achten Sie bei Ihrer Besichtigung stets darauf, dass Sie keine Wohnung mieten, die elektrisch beheizt wird (etwa mit Nachtstromspeicherheizungen). Wenn Sie über Strom heizen, ist das zum einen teurer, und zum anderen auch schädlicher für die Umwelt. Lassen Sie sich den Energieausweis zeigen.

> **i Der Energieausweis: Steckbrief für Wohngebäude**
>
> Bei Vermietung (oder Verkauf) einer Wohnung oder eines Hauses muss vom Anbieter ein Energieausweis vorgelegt werden. Damit sollen potenzielle Mieter (oder Käufer) über die Höhe der zu erwartenden Energiekosten, die bei unsanierten Gebäuden einen immer größeren Teil der Wohnkosten ausmachen, informiert werden. Ein Energieausweis muss allerdings nur dann vorgelegt werden, wenn das Objekt neu vermietet (oder verkauft) wird. Wer schon Mieter ist, hat kein Recht, den Ausweis zu sehen.

Mit eher hohen Heizkosten müssen Sie auch rechnen, wenn Ihre Wohnung im Erdgeschoss oder in der obersten Etage liegt. Wegen der vielen Außenflächen kühlt sie schneller aus. Sie brauchen viel Heizenergie, um es warm zu haben.

Außerdem lohnt sich ein Blick auf die Fenster: Nicht nur wegen der Geräusche von draußen, sondern auch im Hinblick auf die Energiekosten sollten die Fenster zumindest Isolierverglasung – das heißt zwei Scheiben – haben. Noch besser ist Wärmeschutzverglasung.

Und: Elektrische Warmwasserbereiter („Wasserboiler") in Küche und Bad sind Kostenfresser. Besser ist es, wenn das heiße Wasser über die Heizungsanlage erwärmt wird. So lassen sich gut 30 Prozent Stromkosten einsparen (⇢ Seite 116)!

Schimmel. Ein weiterer Punkt, den Sie im Blick haben sollten: Gibt es in der Wohnung Schimmel? Gerade im Bad als feuchtem (vielleicht fensterlosem) Raum oder auch in wenig beheizten Zimmern kann sich der Pilz gut ausbreiten. Wenn

Sie auf den ersten Blick nichts sehen, fragen Sie auch mal beim Vermieter oder den Mitbewohnern nach, ob es bereits Probleme mit Schimmel gegeben hat.

Und noch ein Tipp, wenn Sie im Zimmer Wäsche trocknen möchten: Checken Sie die Luftfeuchte. Liegt sie höher als 50 Prozent, sollte eine andere „Trockner-Lösung" gesucht werden. Kontrollieren lässt sich die Luftfeuchte mithilfe eines Hygrometers, das es für 10 bis 20 Euro im Handel gibt.

Der Mietvertrag

Haben Sie sich mit dem Vermieter geeinigt und bietet er Ihnen seine Wohnung oder ein WG-Zimmer an, schließen Sie in aller Regel einen schriftlichen Mietvertrag. Häufig greifen die Vermieter auf vorformulierte Standardverträge zurück, in denen Sie bestimmte, im Einzelfall geltende Regelungen separat eintragen können. Aus dem Vertrag gehen unter anderem diese Punkte hervor:

Die Vertragspartner. Wer ist Vermieter und wer ist Mieter? Ziehen Sie alleine in die Wohnung, sind die entsprechenden Zeilen im Vertrag leicht auszufüllen: Als Mieter sind Sie Vertragspartner und haften damit auch für sämtliche Zahlungen, die notwendig sind. Schwieriger kann es werden, wenn mehrere Personen einziehen. Was für Wohngemeinschaften zu beachten ist, lesen Sie ab Seite 104.

Mietobjekt. Welche Räume kann der Mieter insgesamt nutzen? Neben dem Ein-Zimmer-Apartment unter dem Dach kann zum Beispiel noch ein Kellerraum oder der gemeinsame Waschkeller zum Mietobjekt gehören.

Miethöhe. Wie viel müssen Sie jeden Monat für die Wohnung bezahlen – kalt und mit Nebenkosten? Möglich ist, dass in dem Vertrag gleich mit angegeben wird, wie sich die Miete in der nächsten Zeit entwickeln wird: zum Beispiel, dass sie jeweils zum 1. Januar um 20 Euro im Monat steigt (Staffelmiete). Lassen Sie sich dann nicht von einer niedrigen Anfangsmiete blenden, sondern achten Sie auch auf das, was in Zukunft auf Sie zukommt.

Mietdauer. Wie lange gilt dieser Mietvertrag? Befristete Mietverträge sind seit 2001 nur erlaubt, wenn der Vermieter dafür berechtigte Gründe angibt – zum Beispiel, dass er nach Ablauf der drei im Vertrag genannten Jahre aus dem Ausland zurückkehrt und dann selbst in die Wohnung einziehen will.

Möglich ist auch, dass der Vermieter einen Kündigungsausschluss für eine bestimmte Zeit vereinbart. Dann dürfen Sie vor Ablauf des eingetragenen Datums nicht aus dem Vertrag aussteigen. Wollen Sie vorher raus, sprechen Sie mit dem Vermieter. Allerdings muss er Sie nicht vorzeitig aus dem Vertrag lassen. Vielleicht lässt er sich dazu überreden. Wenn nicht, holen Sie sich zumindest die Erlaubnis des Vermieters, dass Sie einen Untermieter einziehen lassen dürfen. Die

> **i Mieterhöhungen**
>
> Das Bürgerliche Gesetzbuch regelt, wie weit der Vermieter die Miete erhöhen kann (§ 558 BGB):
>
> Der Vermieter kann bis zur ortsüblichen Vergleichsmiete erhöhen, wenn die letzte Mieterhöhung mindestens 15 Monate zurückliegt.
>
> Innerhalb von drei Jahren darf die Miete nicht um mehr als 20 Prozent erhöht werden.
>
> Anders ist die Situation, wenn der Vermieter die Wohnung modernisiert und sich dadurch deren Wert erhöht. In dem Fall sind auch Mieterhöhungen abseits der üblichen Fristen und Grenzen möglich.
>
> Teilt der Vermieter Ihnen mit, dass eine saftige Mieterhöhung ins Haus steht, holen Sie sich Rat bei einem Experten im Mieterverein oder bei der Verbraucherzentrale, um prüfen zu lassen, ob die Erhöhung noch rechtens ist.

Möglichkeit, Ihre Wohnung selbst unterzuvermieten, kann er Ihnen nur in bestimmten Situationen verweigern – zum Beispiel wenn der Untermieter durch Pöbeleien im Haus aufgefallen ist oder anderweitig zu befürchten ist, dass der Hausfrieden durch diese Person gestört wird. Um mögliche Auseinandersetzungen um einen vorzeitigen Auszug zu vermeiden, versuchen Sie einen Mietvertrag ohne Kündigungsausschluss abzuschließen.

Haustiere. Ist das Halten von Hunden und Katzen untersagt oder ausdrücklich erlaubt? Kleintiere wie Hamster oder Meerschweinchen dürfen Sie als Mieter immer halten, der Vermieter darf also Tierhaltung über den Mietvertrag nicht generell verbieten. Steht im Mietvertrag nichts zu Tieren oder ist dort ausdrücklich erwähnt, dass Tierhaltung erlaubt ist, dürfen Sie sich zum Beispiel einen Hund oder eine Katze anschaffen. Dann müssen Sie aber trotzdem darauf achten, dass die anderen Hausbewohner nicht belästigt werden. Ist das Tier zu laut oder macht es im Treppenhaus sein Geschäft, kann der Vermieter Sie abmahnen oder in extremen Fällen auch verlangen, dass Sie das Tier abschaffen.

Pflichten im Haus. Müssen Sie zum Beispiel Flur und Treppenhaus putzen? Im Vertrag ist festgelegt, ob und wenn ja welche Aufgaben auf Sie zukommen. Vielleicht steht im Mietvertrag aber auch, dass der Vermieter sich um die Treppenhausreinigung kümmert. Dann darf er mit Ihnen vereinbaren, dass er Ihnen die anteiligen Kosten für die Reinigung mit den Betriebskosten in Rechnung stellt.

Es kann auch sein, dass Sie beispielsweise bei Schneefall den Winterdienst mit übernehmen müssen. Eine solche Pflicht muss aber ausdrücklich im Mietvertrag vermerkt sein.

Schönheitsreparaturen. Wann müssen Sie in Ihrer Wohnung zum Pinsel greifen? Vertraglich ist geregelt, in welchen Abständen Sie beispielsweise Küche, Bad und andere Räume renovieren müssen. Stehen im Vertrag allerdings starre Fristen, zum Beispiel dass nach drei Jahren auf jeden Fall die Renovierung der Küche ansteht, ist eine solche Klausel ungültig.

Auch wenn der Mietvertrag viele Punkte ausdrücklich regelt, kann es immer wieder zu Streit zwischen Vermieter, Mieter und Nachbarn kommen. Kritisch kann es zum Beispiel werden, wenn Sie unbedingt bunte Wände in der Wohnung wollen oder gerne mit Ihren Freunden feiern. An einige Regeln müssen Sie sich dann halten (⟶ Checkliste, Seite 104).

Sonderfall Wohngemeinschaft

Wenn Sie die neue Wohnung nicht allein beziehen, sondern sich zu einer Wohngemeinschaft zusammentun, gilt vieles von dem, was für Einzelmieter gilt, auch. Zum Beispiel müssen je nach Vertrag Dienste im Haus übernommen werden, und bei Feiern sollten Sie die Lautstärke ab 22 Uhr herunterfahren.

✖ Ansprechpartner

Haben Sie das Gefühl, vom Vermieter benachteiligt zu werden, können Sie sich Hilfe holen. Ansprechpartner finden Sie zum Beispiel in Mietervereinen. Hier müssen Sie zwar einen Mitgliedsbeitrag zahlen, doch dieser kann sich lohnen, wenn Sie dafür unberechtigte Forderungen Ihres Vermieters abwehren können. Mehr Informationen finden Sie unter anderem beim Deutschen Mieterbund (www.mieterbund.de) oder beim Mieterschutzbund (www.mieterschutzbund.de).

Wenn Sie und Ihre Eltern eine Rechtsschutzversicherung haben und der Versicherer auch für Mietrechtsangelegenheiten zahlt, können Sie sich auf Kosten des Versicherers Rat bei einem Rechtsanwalt holen. Klären Sie allerdings bei Ihrem Auszug von zuhause, ob Sie dann noch einen Anspruch auf Leistungen aus einer Rechtsschutzversicherung Ihrer Eltern haben.

Checkliste: Kritische Fragen zwischen Mieter und Vermieter

☐ **Der Mieter ... möchte seine Wände rot, blau und lila streichen.**

Der Vermieter darf das nicht verbieten, doch wenn der Mieter auszieht, muss er die Wände so hinterlassen, dass die Farben eine erneute Vermietung nicht verhindern. Je nachdem, was der Mieter farblich aus der Wohnung gemacht hat, kann es also rechtens sein, wenn der Vermieter den Mieter auffordert, alles zu überstreichen.

☐ **... hat für vier Wochen seinen Freund aus dem Work-and-Travel-Jahr in Australien zu Gast.**

Ein solcher Besuch ist problemlos möglich. Besucher dürfen in der Mietwohnung übernachten, und sie dürfen auch über längere Zeit dort sein. Nach etwa sechs Wochen darf der Vermieter aber doch fragen, wie der Gast einzuordnen ist – ob der Besucher nicht tatsächlich ein fester Mitbewohner oder Untermieter ist. Für eine Untervermietung brauchen Sie die Genehmigung des Vermieters. Ist der Gast sehr lange da, muss er womöglich in die Abrechnung der Betriebskosten mit einbezogen werden.

☐ **... lädt im Sommer regelmäßig Freunde auf seinen Balkon ein.**

Dagegen spricht nichts – vorausgesetzt, die Interessen der Nachbarn werden nicht gestört. Dazu gehört, dass ab 22 Uhr die Lautstärke zurückgefahren wird.

☐ **... grillt im Sommer mehrmals auf dem Balkon.**

Auch Grillen auf dem Balkon ist erlaubt, es sei denn, der Vermieter hat das Grillen mit Holzkohle oder auch Elektrogrills ausdrücklich im Mietvertrag untersagt. Sie sollten Ihre Nachbarn 48 Stunden vor der Feier informieren. Ein Vertragsverstoß liegt allerdings vor, wenn Geruch oder Qualm in die Nachbarwohnung dringt. Wie die Situation insgesamt zu beurteilen ist, hängt vom Einzelfall ab.

☐ **... schafft sich eine Ratte an.**

Der Vermieter darf Tierhaltung nicht grundsätzlich verbieten. Kleintiere wie Hamster und Meerschweinchen dürfen Sie halten. Tiere, die wie etwa eine Ratte bei anderen Mietern Ekel auslösen können, kann der Vermieter allerdings verbieten. Das Halten exotischer Tiere, auf die die Mitbewohner allgemein mit Abscheu, Ekel oder Angst reagieren, gehört nicht zum Wohngebrauch.

☐ **... will seine Wohnung untervermieten, weil er für ein Jahr in Spanien studiert.**

Sie müssen sich die Erlaubnis des Vermieters holen, die Wohnung unterzuvermieten. Das Studium in Spanien ist ein berechtigter Grund für eine Untervermietung, sodass der Vermieter Ihnen diese nur ausnahmsweise verweigern kann – zum Beispiel, wenn Ihr Untermieter durch Streitereien im Haus bereits besonders negativ aufgefallen ist. Verweigert der Vermieter Ihnen die Untervermietung, können Sie mit einer wie im Normalfall üblichen Frist von drei Monaten kündigen.

Aber eine Besonderheit bleibt: Bevor eine WG einzieht, ist zu klären, wer eigentlich der im Vertrag festgelegte Mieter der Wohnung ist. Gibt es einen **Hauptmieter**, der allein gegenüber dem Vermieter verantwortlich ist? Oder werden alle WG-Bewohner als Mieter in den Vertrag aufgenommen?

Wenn Sie die Wahl haben, sollten Sie vermeiden, alleiniger Hauptmieter zu werden. Sie sind dann in der Pflicht, regelmäßig die Miete zu überweisen, doch was, wenn die zwei anderen WG-Bewohner ihren Mietanteil nicht an Sie zahlen? Dann sind Sie der Dumme, der für die Mitbewohner mitbezahlen muss.

Versuchen Sie stattdessen, einen **gemeinsamen Mietvertrag** abzuschließen, aus dem ausdrücklich hervorgeht, dass eine Wohngemeinschaft einzieht und dass ein Wechsel der Bewohner jederzeit möglich ist. Mehrere Gerichte haben bestätigt, dass es dem Vermieter, der von der Wohngemeinschaft weiß, zuzumuten ist, den zwischenzeitlichen Austausch von Mietern zuzulassen.

Der gemeinsame Mietvertrag wird dann in der Regel so aussehen, dass alle Mieter für die zu zahlende Miete haften. Wenn also einer von drei Bewohnern nicht zahlt, kann der Vermieter von den zwei übrigen den Anteil ihres Nachbarn einfordern.

Versuchen Sie den Vermieter mit diesem Argument der gemeinsamen Haftung zu überzeugen, wenn er eigentlich nur einen Hauptmieter will: Wenn nur ein Hauptmieter da ist, hat er auch nur einen Ansprechpartner, um sein Geld zu bekommen. Wenn drei Mieter haften, hat er auch drei Ansprechpartner, an die er sich im Ernstfall wenden kann.

Achtung: Wenn Sie in eine bestehende WG ziehen wollen, fragen Sie am besten beim „Vorstellungsgespräch", wie die Sache mit dem Mietvertrag geregelt ist. Lassen Sie sich nicht in die alleinige Verantwortung hineinziehen.

Streit vermeiden in der WG

Nicht nur mit dem Vermieter muss es „stimmen", auch innerhalb der WG gibt es einiges zu organisieren, damit das Zusammenleben funktioniert:

Finanzen. Bei Geld hört bekanntlich manchmal die Freundschaft auf. Sprechen Sie deshalb von Anfang an untereinander ab, wer was wann zahlen muss. Die Kosten für das Telefon lassen sich mithilfe eines Einzelverbindungsnachweises noch leicht auseinanderrechnen, doch bei Badreiniger und Toilettenpapier wird es schwieriger: Kauft jeder einzeln ein oder gibt es eine gemeinsame Kasse? Wenn Sie es vorher klären und anhand der Einkaufsbelege festhalten, wer wann das Geld ausgegeben hat, gibt es weniger Anlass für Streit. Auch wenn Sie über den Strom nur eine gemeinsame Abrechnung erhalten, stellen Sie vorher klar, ob zum Beispiel jeder Bewohner gleich viel zahlt oder ob anhand der Fläche der einzelnen Zimmer abgerechnet wird. Notieren Sie außerdem auch gemeinsam, wer wie viel Kautionsanteile bezahlt hat und wann er diese nach Auszug zurückerhält.

Terminpläne. Putz-, Einkaufs- und Kochplan sollten für klare Verhältnisse sorgen. Wenn es nicht klappt, sprechen Sie es möglichst zeitnah an. Das gilt auch für andere organisatorische Fragen wie zum Beispiel den morgendlichen Kampf ums Badezimmer. Kündigen Sie am Tag vorher an, wenn Sie einen wichtigen Termin haben, damit sich die übrigen Badnutzer darauf einstellen können und niemand vorher zu lange die Dusche blockiert.

Gemeinsames Leben. Einmal in der Woche gemeinsam kochen? Oder sogar jeden zweiten Tag? Oder gilt die Devise, dass jeder macht, was er will? Um falsche Erwartungen zu vermeiden, klären Sie, wie Sie sich das gemeinsame Wohnen vorstellen. Wenn Sie eine neue WG gründen, gehört dazu zum Beispiel auch die Frage, ob Sie ein Gemeinschaftszimmer einrichten wollen oder nicht.

Feiern. Sagen Sie sich gegenseitig Bescheid, wenn Besuch kommt und es lauter werden könnte. Dann kann jeder überlegen, ob er ausgeht, trotz Lärm in seinem Zimmer arbeitet oder mitfeiert.

Der Einzug

Nach der Unterschrift des Mietvertrags geht es los: Die Planung der eigenen vier Wände kann zwar stressig werden, aber häufig macht es auch Spaß, die passenden Möbel zu suchen, Farben zusammenzustellen und Wände zu streichen, am Ende das Mobiliar richtig aufzustellen und zu dekorieren.

Damit der Einzug möglichst stressfrei klappt, hier die wichtigsten Punkte, die Sie vorher erledigen sollten:

Renovierung. Die Wände in der neuen Wohnung sollten trocken sein, wenn der Umzugswagen mit Möbeln und Kisten vor der Tür steht. Deshalb überlegen Sie sich früh genug, ob und wie Sie streichen wollen. Wenn Sie sich bunte Wände wünschen, kann der Vermieter erst mal nichts dagegen sagen. Allerdings müssen Sie beim Auszug für dezentere Farben sorgen, also zum Beispiel Weiß. Messen Sie vorher, wie viele Quadratmeter Wand wie gestrichen werden sollen, damit Sie beim Farbenkauf nicht unnötig viel Geld ausgeben. Wenn Sie Farbtöne mischen, bewahren Sie einen Rest so auf, dass er nicht eintrocknet. Vielleicht reicht dieser schon aus, um beim Auszug Ihre Schönheitsreparaturen zu erledigen und Dübellöcher zu schließen.

Und: Wenn Sie nach Feierabend streichen, achten Sie darauf, dass Sie genug Licht in der Wohnung haben. Wenn noch keine Lampen hängen, bringen Sie Extralicht mit.

Einrichtung des Vormieters. Klären Sie mit Ihrem Vormieter, ob er bestimmte Möbel, Gardinen und Geräte in der Wohnung lassen will. Sie sind nicht verpflichtet, die angebotene Einrichtung zu übernehmen – Sie sollten schon gar nicht zugreifen, wenn Ihnen der Preis deutlich zu hoch erscheint. Andererseits erleichtert es natürlich den Umzug, wenn Sie zum Beispiel seine Küche zu einem passablen Preis übernehmen können und sich diese nicht neu kaufen müssen. Wägen Sie ab, was Sie brauchen, und versuchen Sie einen Preis auszuhandeln, mit dem Sie beide leben können.

Einkaufen. Möbel für die eigene Wohnung können teuer werden – wenn es ein neues Bett, ein neuer Kleiderschrank und eine neue Couch sein sollen. Aber vielleicht geht es auch anders, und Ihre Eltern oder andere Verwandte haben noch vorzeigbare Möbel übrig, die Sie mitnehmen können. Wenn Sie selbst nicht mehr so häufig bei den Eltern sind, können Sie dort bestimmt auch auf die Couch oder ein Bücherregal im „Kinderzimmer" verzichten.

Wenn Sie doch neu einkaufen, achten Sie darauf, was Sie zu welchen Bedingungen kaufen. Kaufen Sie auf Raten, hat das den Nachteil, dass Sie leicht den Überblick verlieren können, welche Posten Sie insgesamt zu begleichen haben.

Häufig werden Sie im Möbelhaus oder im Elektromarkt auch das Angebot für eine besonders günstige Finanzierung bekommen – vielleicht sogar für eine Finanzierung auf Raten „mit 0 Prozent Zinsen". Schauen Sie sich diese Angebote genau an. Fallen tatsächlich keinerlei Kosten an, oder versteckt sich im Kleingedruckten des Angebots womöglich noch der Hinweis, dass Sie für den Kredit eine Kontogebühr zahlen müssen? Dann war es das mit der kostenlosen Finanzierung. Wenn das Verhältnis zu Ihrer Familie stimmt, dürfte ein kostenloser Kredit von Oma oder Vater dann günstiger sein.

Technik in der Wohnung. Sind die Anschlüsse für Waschmaschine, Herd und Lampen in Ordnung? Wenn Sie jemanden kennen, der sich damit auskennt, fragen Sie früh genug an, ob er Ihnen bei der Installation hilft. Wenn nicht: Kümmern Sie sich um einen Fachmann, der problemlos den Herd anschließen und Lampen aufhängen kann.

Stadtwerke. Melden Sie sich früh genug bei den Stadtwerken an, damit es keine Probleme mit Strom-, Gas- und Wasserversorgung gibt. Notieren Sie zum Einzug die Zählerstände – am besten im Beisein des Vermieters. Die Werte können dann später auch ins Einzugsprotokoll übernommen werden.

Schäden. Bevor Sie alles mit neuen Möbeln vollstellen, sollten Sie nachschauen, ob es Schäden in der Wohnung gibt – Risse in Wänden, Kratzer oder Sprünge in den Badezimmerfliesen, dauerhafte Flecken auf den Fensterbänken. Geben Sie diese zu Beginn dem Vermieter an, damit es nicht hinterher bei Ihrem Auszug heißt, Sie hätten die Schäden verursacht. Machen Sie zur Sicherheit auch Fotos, damit Sie bei Streit mit dem Vermieter die vorhandenen Schäden belegen können. Tragen Sie all das, was Ihnen auffällt, in ein schriftliches Übergabeprotokoll ein, das Sie und der Vermieter unterschreiben.

Versicherungen. Überlegen Sie sich, ob Sie eine Hausratversicherung benötigen (→ Seite 84). Wenn Sie den Schutz wollen, klären Sie mit dem Versicherer der Eltern, ob Sie weiterhin über deren Vertrag geschützt bleiben können.

Telefon/Internet. Um vom ersten Tag an in der neuen Bleibe erreichbar zu sein, sollten Sie sich früh genug um Telefon und Internet kümmern. Ein Anschluss dürfte in der Wohnung sein, doch von alleine werden Sie nicht gleich telefonieren und surfen können. Überlegen Sie sich deshalb frühzeitig, zu welchem Anbieter Sie gehen wollen und melden Sie sich an. Kalkulieren Sie mit ein, dass es ein paar Tage länger dauern kann, wenn zum Beispiel der Mieter vorher bei einem anderen Telefonanbieter war als Sie. Worauf Sie bei Vertragsabschluss achten sollten, lesen Sie auf Seite 121. Trotz allem kann es passieren, dass Sie zum Einzug noch kein Telefon und kein Internet in der Wohnung haben.

Aufteilung planen. Überlegen Sie sich vor dem Einzug, wo Sie was stehen haben wollen. Wenn Sie am Umzugstag selbst noch mehrfach Möbel hin- und herschieben lassen, kostet das unnötig Zeit und Energie.

Nachsendeantrag. Auch wenn die Eltern Briefe nachschicken könnten: Schneller und einfacher ist es, bei der Post einen Nachsendeantrag zu stellen – auch wenn er kostenpflichtig ist. Sie können die Nachsendung für sechs oder auch für zwölf Monate vereinbaren. Warten Sie mit diesem Antrag wenn möglich nicht bis zum Umzugstag, denn ein paar Tage Vorlauf sind notwendig, ehe auf die neue Adresse umgestellt werden kann. Den Nachsendeantrag können Sie online unter **www.post.de** stellen.

Andere informieren. Nicht nur die Post sollte Bescheid wissen, sondern zum Beispiel auch Freunde, Arbeitgeber, Finanzamt, Bank und Versicherungen sollten Sie über die neue Adresse informieren.

Einwohnermeldeamt. Sie müssen sich an Ihrem neuen Wohnort anmelden. Je nach Bundesland gelten hier unterschiedliche Fristen von zum Beispiel sieben oder 14 Tagen nach Einzug. Überlegen Sie sich vorher, ob Sie an Ihrem neuen Wohnort Ihren Erst- oder Zweitwohnsitz haben wollen. Je nach Kommune kann es teuer werden, wenn Sie nur Ihren Zweitwohnsitz dorthin verlegen. Manche Städte kassieren nämlich Zweitwohnsteuer – zum Beispiel von Studenten, die ihren Hauptwohnsitz noch bei Ihren Eltern haben. Wer in Berlin nur seinen Zweitwohnsitz hat, muss 5 Prozent seiner Jahreskaltmiete als Zweitwohnsteuer abdrücken, in Erfurt sind es sogar 16 Prozent. Deshalb: Überlegen Sie sich, ob in der Studienstadt wirklich nur der Zweitwohnsitz sein soll.

Den Umzugstag planen

Zu einer ganz besonderen Herausforderung kann auch der Umzugstag selbst werden. Damit Sie und Ihre Helfer an diesem Tag nicht im Chaos versinken, hilft auch hier eine frühzeitige Planung:

☐ Umzugskisten
Irgendwo müssen Ihre Bücher, CDs und Kleider verpackt werden. Besorgen Sie sich Umzugskisten. Es müssen nicht unbedingt die nagelneuen sein. Mehrere Firmen und Händler verkaufen auch gebrauchte Kisten. Bestimmt haben außerdem Freunde und Bekannte noch Kisten im Keller stehen. Wenn Sie die ausleihen können, sparen Sie weiter. Auch nicht schlecht: Fragen nach Bananenkisten im Groß- oder Supermarkt.

☐ Kisten packen
Wenn Sie die Kisten haben, fangen Sie an zu packen – am besten nicht erst am Abend, bevor die Helfer und Möbelpacker kommen. Machen Sie die Kisten nicht zu voll, und beschriften Sie sie, damit die Träger wissen, wo was hinkommt und damit Sie selbst den Überblick behalten.

☐ Umzugshelfer
Kümmern Sie sich früh genug um Leute, die Ihnen helfen. Wenn Ihre Freunde keine Zeit oder keine Lust haben, fragen Sie zum Beispiel bei der Arbeitsvermittlung des örtlichen Studentenwerks, ob Sie von dort jemanden vermittelt bekommen können.

☐ Praktische Hilfen
Horten Sie auch Gurte und alte Decken für den Transport sowie eine Sackkarre für schwere Kisten, Möbel oder die Waschmaschine (!). Werkzeug wie Schraubendreher, Zange und Bohrmaschine sollten Sie außerdem griffbereit und nicht in irgendeiner Kiste versteckt haben.

☐ Essen und Trinken

■ Organisieren Sie die Verpflegung für die Umzugshelfer. Vielleicht schmiert Mutti viele Brötchen und backt einen Blechkuchen? Kaffee in Thermoskannen, Mineralwasser- und Saftkisten organisieren – und vielleicht auch zum Abschluss ein kaltes (alkoholfreies) Bier.

☐ Möbelwagen

■ Besorgen Sie sich früh genug einen Transporter, gerade zu Semester- oder Ausbildungsbeginn könnte es sonst eng oder auch teuer werden, wenn gleichzeitig alle einen Möbelwagen mieten wollen. Trauen Sie sich zu, einen Transporter selbst zu lenken? Fragen Sie sonst im Familien- und Freundeskreis, wer das ganz sicher übernehmen könnte.

☐ Be- und Entladen

■ Klären Sie rechtzeitig, ob das Fahrzeug zum Be- und Entladen vor Ihrer Wohnung vernünftig abgestellt werden kann, und besorgen Sie sich wenn nötig bei der Stadtverwaltung eine Genehmigung, um eine Parkfläche für andere Fahrzeuge zu sperren. Bestimmte Extras wie Pflanzen oder den PC sollten Sie nicht unbedingt mit auf den Umzugswagen packen, sondern lieber separat transportieren.

☐ Schutz

■ Schützen Sie Fußböden und Treppengeländer beim Leerräumen Ihres „Kinderzimmers" und beim Einräumen Ihrer neuen Wohnung. Legen Sie Teppiche oder Folie aus, damit das neue Laminat oder die Fliesen nicht gleich verkratzt werden.

Mit Umzug eventuell Steuern sparen

Je nachdem, wie Sie den Umzug organisieren, wie viel Sie transportieren müssen und wie weit die Reise geht, kann der Umzug eine teure Angelegenheit werden. Kosten von mehreren Hundert Euro sind bei einem Ausbildungsgehalt von

500 oder 700 Euro im Monat nur schwer zu stemmen. Wenn Sie aus beruflichen Gründen umziehen, belohnt Sie aber zumindest das Finanzamt. Denn Sie können die Ausgaben als beruflich bedingte Werbungskosten über die Steuererklärung beim Finanzamt abrechnen und sich einen Teil der Ausgaben zurückholen.

Wenn Sie allerdings sowieso so wenig verdienen, dass Sie gar keine Steuern zahlen müssen, weil Sie mit Ihrem Einkommen insgesamt unter dem Grundfreibetrag von 8 004 Euro im Jahr bleiben (⤑ Seite 37), hilft dieser Posten jedoch nicht. Wenn Sie aber zusätzlich zum Beispiel etwas Geld von Ihrer Großmutter geerbt haben und für die Zinsen Steuern zahlen müssen, rutschen Sie womöglich doch über diesen Grundfreibetrag von 8 004 Euro. Dann sind die zusätzlichen Ausgaben für den beruflich bedingten Umzug wertvoll: Jeder Euro an Werbungskosten über 1 000 Euro im Jahr senkt dann die Steuerbelastung – aber eben nur, wenn Sie eine Steuererklärung abgeben.

Ein weiterer Vorteil ist drin, wenn Sie beispielsweise eine Spedition mit dem Umzug beauftragen und eine ordentliche Rechnung für die Leistung erhalten. Wenn Sie diese beim Finanzamt einreichen, zieht es 20 Prozent der Ausgaben für die Arbeit der Umzugsleute direkt von der zu zahlenden Steuer ab.

Aber auch hier gilt, dass Sie steuerlich nur selbst von diesem Auftrag profitieren, wenn Sie tatsächlich ein so hohes Einkommen haben, dass Sie Steuern zahlen müssen. Womöglich profitieren aber Ihre Eltern: Angenommen Ihr Vater hat für Sie am Studienort den Mietvertrag geschlossen. Dann darf er auch die Ausgaben für die Umzugshelfer in seiner Steuererklärung abrechnen. Hat er zum Beispiel einer Spedition 1 000 Euro für den Umzug bezahlt, zieht das Finanzamt ihm immerhin 200 Euro von der Steuersumme ab, die er eigentlich für das Jahr an den Fiskus zahlen müsste.

Zuhause: die Kosten im Griff

Mit den Ausgaben für den Umzug allein ist es nicht getan. Miete und Nebenkosten, die der Vermieter mit Ihnen abrechnet, fallen für das neue Zuhause an. Dazu kommen die eigenen Wünsche wie zum Beispiel nach einer schnellen Internetverbindung. All das kostet. Wichtig ist dann, dass Sie selbst die Ausgaben in Grenzen halten.

Heizkosten und andere Betriebskosten

Zu den Nebenkosten, die der Vermieter abrechnet, zählen zum Beispiel die Ausgaben für Wasserversorgung und Entwässerung, Straßenreinigung und Müllbeseitigung. Auch die Grundsteuer, die der Vermieter für die Immobilie zahlen muss, darf er auf die Mieter umlegen. Ein weiterer ganz wichtiger Posten sind die Heizkosten. Gerade wenn die Öl- und Gaspreise steigen, kann mit der Betriebskostenabrechnung eine teure Überraschung auf die Mieter zukommen. Haben die monatlichen Vorauszahlungen für die Betriebskosten ausgereicht, oder wird für das Vorjahr ein Nachschlag fällig?

Jeden Monat zahlen Sie für die Betriebskosten eine Vorauszahlung, einmal im Jahr muss der Vermieter dann alles genau abgleichen und die Heizkostenabrechnung vorlegen. Die Abrechnung für 2011 muss spätestens Ende 2012 den Mietern vorliegen. Der Vermieter muss mindestens 50 Prozent und höchstens 70 Prozent der Gesamtkosten für Heizung

✗ Experten fragen

Wenn die Abrechnung über die Nebenkosten kommt und eine hohe Nachzahlung fällig wird, sprechen Sie mit Ihren Nachbarn und lassen Sie sich gegebenenfalls auch von einem Mietrechtsexperten beraten. Lassen Sie prüfen, ob der Vermieter tatsächlich alle abgerechneten Posten auf Sie übertragen kann. Zum Beispiel gehören die Verwaltungskosten des Vermieters und die Ausgaben für die Instandhaltung des Hauses nicht zu den Betriebskosten, die Sie mit zahlen müssen.

und Warmwasser konkret nach dem jeweiligen Verbrauch durch die Mietparteien abrechnen, wenn eine Zentralheizung im Haus installiert ist (sogenannte Verbrauchskosten). Die restlichen Heizkosten werden meist anhand der Wohnfläche unter den Hausbewohnern verteilt (sogenannte Grundkosten). Bei älteren Gebäuden, die gewisse weitere Voraussetzungen erfüllen müssen, werden die Heizkosten zu 30 Prozent nach den Grundkosten und zu 70 Prozent nach den Verbrauchskosten verteilt.

Wie die anderen Hausbewohner heizen, können Sie nicht beeinflussen. Aber zumindest Sie können schon mit kleinen Handgriffen dafür sorgen, dass sich die Ausgaben in Grenzen halten.

Freie Heizkörper. Es klingt banal, aber stellen Sie sicher, dass die Heizkörper frei sind und nicht durch Möbel verdeckt, sodass die Wärme freie Bahn hat.

Temperatur. Wenn Sie die Raumtemperatur nur um ein Grad herunterdrehen, sparen Sie etwa 6 Prozent der Kosten ein. Temperaturen zwischen 18 Grad im Schlafzimmer und 21 Grad im Wohnzimmer reichen innerhalb einer Wohnung meistens aus. Nachts oder wenn Sie und Ihre Mitbewohner nicht da sind, reichen sogar noch niedrigere Temperaturen.

Achtung: Selbst wenn niemand da ist, sollte die Wohnung nicht ganz unbeheizt sein. Normalerweise ist eine zentrale Heizungsanlage so geregelt, dass es so etwas wie „Frostschutz" gibt. Damit es also nie kälter als 7 Grad im Raum wird, stellen Sie den Temperaturregler am Heizkörper auf das Schneestern-Zeichen.

Thermostatventile. Wenn Sie Thermostatventile in der Wohnung haben, sollten Sie diese auf die gewünschte Raumtemperatur einstellen – zum Aufheizen des Zimmers ist es nicht notwendig, die Temperatur extra hoch einzustellen, denn der Thermostat öffnet die Leitung automatisch so lange, bis die gewünschte Raumtemperatur erreicht ist. Wenn die Heizkörper nicht warm sind, sprechen Sie mit Ihrem Vermieter. Häufig bringt es schon einiges, wenn die Heizkörper entlüftet werden.

Richtig lüften. Zum Energiesparen in der kalten Jahreszeit gehört auch das richtige Lüften: Die abgestandene feuchte Luft sollten Sie unbedingt regelmäßig gegen frische Luft austauschen, um Schimmel zu vermeiden: Öffnen Sie dazu Fenster und Balkontür für fünf bis zehn Minuten weit (stellen Sie das Fenster in diesen Zeiten nie auf Kippe!). Wenn Sie vor dem Öffnen der Fenster die Heizung abdrehen und erst nach dem Lüften wieder öffnen, vermeiden Sie Wärmeverluste, weil die Wohnung in der Zwischenzeit nicht unnötig aufgeheizt wird. (Zur Bestimmung der Luftfeuchtigkeit ⇢ Seite 100.)

Miete mindern?

Zieht es in Ihrer Bleibe durch alle Fensterritzen, können Sie Ihren Vermieter auffordern, etwas gegen diesen Mangel zu unternehmen. Wenn der Vermieter Ihnen zum Beispiel schon beim Einzug zugesagt hat, sich um die undichten Fenster zu kümmern, und er macht doch nichts, dürfen Sie die Miete mindern. Sprechen Sie am besten vorher mit einem Mietrechtsexperten, wie Sie vorgehen und was Sie vom Vermieter verlangen können. Weniger Miete zahlen dürfen Sie auch bei anderen Mängeln, zum Beispiel wenn Toilette und Dusche plötzlich nicht mehr funktionieren oder bei dauernder Lärmbelästigung durch die Nachbarn.

Strom im Haus

Eine Kilowattstunde Strom kostet je nach Anbieter und Stromtarif häufig um die 24 Cent. Wenn Sie zum Beispiel in einem Jahr 1 400 Kilowattstunden Strom verbrauchen, kommen Sie insgesamt auf rund 300 Euro. Je nach Tarif kann es aber sein, dass Sie deutlich mehr zahlen oder den Strom auch für weniger bekommen können.

Obwohl jeder Verbraucher seit 1998 die freie Wahl hat, woher er seinen Strom bezieht, gehen immer noch rund 80 Prozent den bequemen Weg und bleiben bei Ihrem örtlichen Stromanbieter. Etwa die Hälfte aller Haushalte befindet sich noch im teureren Angebot der Grundversorgung ihres Anbieters. Belassen Sie es dabei nicht. Rufen Sie zumindest bei Ihrem örtlichen Anbieter an und fragen Sie nach einem günstigeren Tarif. Wenn Sie den Tarif ändern, kann es allerdings sein, dass Sie länger an den Anbieter gebunden sind. Schauen Sie sich aber auch nach anderen Stromanbietern um. (Mehr zum Stromsparen → Seite 119.)

> **i Strompreis**
> Der Strompreis setzt sich aus mehreren Posten zusammen: neben dem Gewinn des Stromkonzerns zum Beispiel aus Steuern und Abgaben, Kosten für die Stromerzeugung und den Bezug des Stroms sowie für das Stromnetz, für das Messen und den Beitragseinzug.

Ähnlich ist die Situation beim Gas: Auch hier haben Sie das Recht, den Anbieter oder Tarif zu wechseln. Wenn Sie sich die Mühe machen, sich nach neuen Angeboten umzusehen, ist meist eine Ersparnis drin.

Den passenden Anbieter finden

Wenn Sie sich zum Wechsel durchringen und zum Beispiel einen neuen günstigen Stromtarif suchen, geben Sie Ihre Postleitzahl und Ihren Stromverbrauch in Tarifrechner wie **www.verivox.de**, **www.tarifvergleich.de** oder **www.toptarif.de** ein. Dann können Sie prüfen, ob es nicht doch noch ein besseres Angebot für Sie gibt. Vergleichen Sie den Brutto-Preis – also inklusive Stromsteuer und Mehrwertsteuer. Achten

> **✗ Achtung Vorkasse**
> Lassen Sie sich aber nicht von zu niedrigen Preisen blenden. Vermeiden Sie zum Beispiel Angebote, bei denen Sie Ihren Strom gegen Vorkasse zahlen müssen. Achten Sie auch darauf, welche Vertragslaufzeit die Stromanbieter vorgeben. Wollen Sie sich wirklich für zwei Jahre binden, obwohl Sie womöglich in einem Jahr nach Ende der Ausbildung schon wieder in eine andere Stadt ziehen?

Sie auch auf die Vertragsbedingungen, zum Beispiel ob Sie nach einem Jahr wieder aus dem Vertrag aussteigen können. Wenn Sie sich für einen neuen Anbieter entscheiden, kann sich das doppelt auszahlen, denn viele Stromanbieter belohnen Neukunden mit Bonuszahlungen.

Atomkraft – nein danke?

Sie können auch entscheiden, welchen Strom Sie wollen: herkömmlichen Strom oder zertifizierten Ökostrom, der zum Beispiel aus Wasserkraft- oder Windkraftanlagen gewonnen wird. Damit Sie sich bei den vielfältigen Angeboten an Ökostrom einen Überblick verschaffen können, hat die Verbraucherzentrale Nordrhein-Westfalen zusammen mit dem Ökoinstitut e. V. und dem WWF Deutschland das Gütesiegel „ok-Power" entwickelt. Wenn ein Stromangebot dieses Gütesiegel bekommt, besteht die Garantie, dass die zertifizierten Produkte tatsächlich die Umwelt entlasten.

> **@ ok-Power**
> Wer bekommt das Siegel und wie sind andere Gütesiegel für grünen Strom zu bewerten? Mehr erfahren Sie unter www.vz-nrw.de/doc1259A.

1, 2, 3 – schon gewechselt

Wenn Sie den Anbieter wechseln wollen, ist das in der Regel ohne großen Aufwand möglich.

Laufzeit prüfen. Als Erstes sollten Sie nachschauen, ob Ihr aktueller Vertrag eine Mindestlaufzeit hat. Diese müssen Sie einhalten, ehe Sie kündigen können.

Neuer Vertrag. Wenn Sie einen neuen Stromversorger gefunden und ausgewählt haben, können Sie häufig online das Vertragsformular ausfüllen. Manche Stromanbieter wollen auch, dass Sie es dann per Post zurückschicken. Wenn Sie zusätzlich eine Vollmacht mit einreichen, dass der neue Stromanbieter Ihren bisherigen Vertrag kündigen darf, kümmert sich der neue Stromlieferant dann um alle weiteren Formalitäten. Das Gute am Wechsel ist, dass Sie keinen neuen Stromzähler anschaffen müssen und dass für den Wechselservice keine Gebühren verlangt werden dürfen.

Schlussabrechnung. Der bisherige Stromversorger schickt Ihnen eine Bestätigung der Kündigung und will dann noch wissen, auf welchem Stand Ihr Stromleser steht. Eine Schlussabrechnung über den Stromzähler, der seit dem letzten Ablesetermin angefallen ist, sollten Sie spätestens einen Monat nach dem Wechsel bekommen. Insgesamt dauert der Wechsel in der Regel zwischen sechs und acht Wochen.

Strom sparen

Ob mit oder ohne Ökostrom – die Umwelt und auch das eigene Portemonnaie können Sie durch manch andere zusätzliche kleine Änderung im Alltag entlasten, indem Sie Strom sparen.

Bye, bye Standby

Wer zum Beispiel abends direkt vor dem Schlafengehen fernsieht und sich danach noch kurz aus dem Bett bewegt, um den Fernseher auszuschalten anstatt mit der Fernbedienung auf Standby zu drücken, kommt günstiger weg.

Mögliche Alternative: Der Fernsehstecker ist vom Bett aus greifbar und kann von dort ganz bequem herausgezogen werden. Oder die Mehrfachsteckdose lässt sich an- und

> ✖ **Strom sparen – Geld sparen!**
>
> Den Energieverbrauch drosseln und die Umwelt schonen – aber wie am besten? Die Verbraucherzentralen geben dazu viele Tipps in der Broschüre „99 Wege Strom zu sparen". Hier werden nicht nur die Haushaltsgeräte auf den Prüfstand gestellt, es findet sich unter anderem auch eine übersichtliche Tabelle, um den persönlichen Stromverbrauch besser einschätzen zu können.
>
> Dieser kleine Ratgeber kann unter www.vz-nrw.de/99wege kostenlos heruntergeladen werden.

Der persönliche Stromverbrauch

Personen im Haushalt	Stromverbrauch (in kWh pro Jahr) elektrische Warmwasserbereitung ist		Bewertung
	vorhanden	nicht vorhanden	
1	unter 1 300	unter 800	fantastisch
	1 300 – 1 800	800 – 1 200	gut
	1 800 – 2 200	1 200 – 1 600	hoch
	über 2 200	über 1 600	viel zu hoch
2	unter 2 300	unter 1 300	fantastisch
	2 300 – 2 900	1 300 – 2 000	gut
	2 900 – 3 700	2 000 – 2 600	hoch
	über 3 700	über 2 600	viel zu hoch
3	unter 3 100	unter 1 800	fantastisch
	3 100 – 4 200	1 800 – 2 800	gut
	4 200 – 5 300	2 800 – 3 700	hoch
	über 5 300	über 3 700	viel zu hoch
4	unter 3 800	unter 2 200	fantastisch
	3 800 – 5 300	2 200 – 3 400	gut
	5 300 – 6 300	3 400 – 4 400	hoch
	über 6 300	über 4 400	viel zu hoch
5	unter 4 400	unter 2 600	fantastisch
	4 400 – 6 000	2 600 – 4 000	gut
	6 000 – 7 300	4 000 – 5 100	hoch
	über 7 300	über 5 100	viel zu hoch

Bewertung

fantastisch: Sie brauchen sich um das Thema Stromsparen kaum noch Gedanken zu machen und können sich anderen Themen zuwenden.

gut: Ihr Stromverbrauch ist zufriedenstellend. Dennoch können Sie noch optimieren: Die heimlichen Stromfresser wie Stand-by-Verbräuche könnten vermutlich noch verringert werden. Vor allem beim Neukauf von Geräten können Sie Sparpotenziale realisieren.

hoch: Hier geht noch was! Eine Verringerung um mindestens 20 % müsste bei Ihnen machbar sein, vielleicht schaffen Sie sogar noch mehr.

viel zu hoch: Ihr Einsparpotenzial liegt sicherlich über 25 %, Sie sollten sich mit dem Thema beschäftigen – es wird sich lohnen.

Stand: 2011

ausschalten. Je nach Wohnung und Ausstattung kann der Standby-Modus an Musikanlage, DVD-Rekorder oder Fernseher pro Jahr zwischen 50 und 70 Euro verschlingen.

Heißgeliebter Kühlschrank?
Energie sparen können Sie auch, wenn Sie sich vor dem Einzug zum Beispiel fragen, ob tatsächlich der schicke Kühlschrank, den die Großmutter vor 12 Jahren gekauft hat, mit in die neue Wohnung soll oder ob nicht ein neueres Gerät, das weniger Energie verbraucht, besser ist.

Der Kühlschrank in der Wohnung sollte wenn möglich nicht neben dem Herd stehen, sondern einen möglichst kühlen Platz haben. Jedes Grad mehr in der direkten Umgebungstemperatur steigert den Stromverbrauch um 6 Prozent.

Mit Blick aufs Energiesparen lohnt es sich außerdem, regelmäßig den Kühlschrank abzutauen. Je mehr Reif sich bildet, desto höher ist der Energie- und Geldverbrauch.

Telefon und Internet

„Bei wem bist du?" Wer diese Frage zum Telefon- und Internetanbieter im Freundes- oder Kollegenkreis stellt, erhält häufig in kürzester Zeit eine ganze Palette von Erfahrungsberichten. Zum Thema Preise, Service oder zu Problemen beim Umzug können viele Gesprächspartner ihren Teil beitragen. Der eine sucht ein besonders günstiges Angebot für Vieltelefonierer. Ein anderer möchte für seine Anrufe bei der Freundin, die für ein Jahr in Paris studiert, nicht zu viel zahlen. Und ein dritter setzt auf besonders schnelle Datengeschwindigkeit im Internet und weiß nicht, für welchen der zahlreichen Anbieter er sich entscheiden soll. Und der Vierte hat nach dem Anbieterwechsel wochenlang darauf gewartet, dass alles funktioniert.

Die Wahl des Telefon- und Internetanbieters kann tatsächlich zu einer komplizierten Angelegenheit werden, wenn Sie sich durch sämtliche Angebote samt Vertragsklauseln kämpfen.

Checkliste: Bevor es zum Vertrag kommt

Den für Sie und Ihre Telefon- und Surfgewohnheiten günstigsten Tarif müssen Sie sich selbst suchen, doch hier ein paar Punkte, auf die Sie bei Ihrer Wahl achten sollten:

☐ **Preisvergleich**

Vergleichen Sie die Preise vor Vertragsabschluss. Möglich ist das zum Beispiel über die Seiten www.verivox.de oder www.toptarif.de. Als Student oder Auszubildender haben Sie gute Chancen, bei einem Anbieter einen günstigeren Tarif zu bekommen als den Normaltarif.

☐ **Besondere Wünsche**

Klären Sie ab, wie die Konditionen sind, wenn Sie zum Beispiel häufig ins Ausland telefonieren oder Freunde anrufen, die nur über das Handy erreichbar sind. Als Kunde der Telekom können Sie häufig mit Call-by-Call-Vorwahlen eine günstigere Verbindung bekommen. Bei anderen Telefonanbietern ist das meist nicht möglich.

☐ **Vertragslaufzeit**

Ein Komplettangebot von zum Beispiel 30 Euro pro Monat für Telefon und Internet ist zwar günstig, doch es kann zur teuren Angelegenheit werden, wenn der Anbieter eine Mindestlaufzeit von 24 Monaten vorgibt. Dann können Sie nicht vorzeitig aussteigen – selbst dann nicht, wenn Sie umziehen, wie der Bundesgerichtshof Ende 2010 in einem Urteil bestätigt hat. Achten Sie deshalb darauf, wie lange Ihr Vertrag läuft und ob in den Bedingungen eventuell etwas zu einem Sonderkündigungsrecht steht. Behalten Sie unbedingt im Auge, wann Ihr Vertrag endet, damit Sie den möglichen Kündigungstermin nicht verpassen.

☐ **Datengeschwindigkeit**

Achten Sie auf die angebotene Datengeschwindigkeit für das Internet und probieren Sie aus, ob diese Geschwindigkeit tatsächlich erreicht wird. Wenn Sie mithilfe einer Internetsuchmaschine nach „DSL Speedtest" suchen, kommen Sie zu verschiedenen Webseiten, über die Sie die Internetgeschwindigkeit bei Ihnen messen können. Selbst wenn Sie den vertraglich vereinbarten Wert nicht erreichen, sollte die Geschwindigkeit zumindest über dem nächstgünstigeren Angebot liegen. Wenn nicht: Sprechen Sie mit Ihrem Anbieter über eine mögliche Tarifänderung.

> **Der Vertrag zieht mit um**
>
> Ein Umzug ist kein Grund für die außerordentliche Kündigung eines Telefonvertrags. Selbst wenn an dem neuen Wohnort kein DSL-Angebot mit der bisherigen Datengeschwindigkeit verfügbar ist, müssen die Telefongesellschaften Sie nicht vorzeitig aus dem einmal geschlossenen Vertrag entlassen. Das hat der Bundesgerichtshof entschieden (Az. III ZR 57/10). Wenn Sie davon ausgehen, dass Sie zu einem bestimmten Zeitpunkt wieder umziehen oder ins Ausland gehen, achten Sie unbedingt auf die Vertragslaufzeiten. Greifen Sie eher auf einen Vertrag mit kürzerer Laufzeit und kurzen Kündigungsfristen zurück.
>
> Womöglich hat das BGH-Urteil auch Auswirkungen auf andere Verträge, zum Beispiel auf Verträge mit einem Fitnessstudio. Wenn Sie also beispielsweise nach acht Monaten von Köln nach Hamburg umziehen, müssen Sie damit rechnen, dass Sie für die nächsten Monate weiter den Beitrag zahlen müssen, bis Ihr einmal geschlossener Einjahresvertrag abgelaufen ist.

Anbieterwechsel: Reine Nervensache?

Wenn Sie sich für einen Anbieter entschieden haben und wechseln wollen, kann es problemlos klappen: Sie beauftragen den neuen Anbieter, den bisherigen Vertrag zu kündigen. Wollen Sie ihre alte Telefonnummer behalten, beauftragen Sie den neuen Anbieter zugleich, beim alten Anbieter die sogenannte Portierung der Rufnummer zu veranlassen. Gegebenenfalls kommt ein Techniker zu Ihnen, um den Anschluss entsprechend vorzubereiten, danach können Sie mit dem neuen Anbieter an den Start gehen.

Geduld ist gefragt, wenn es nicht so reibungslos funktioniert. Ansprechpartner ist dann Ihr neuer Telefonanbieter. Haken Sie nach, warum es nicht klappt, und setzen Sie Fristen, bis wann der Anbieter den Anschluss ermöglichen muss. Versuchen Sie außerdem, zumindest eine Gutschrift zu bekommen, wenn Sie zum Beispiel mehrmals vom Handy aus die kostenpflichtige Service-Hotline des Anbieters gewählt haben.

GEZ: Die Gebühren gehören dazu

„Zusätzlich noch 17,98 Euro im Monat zahlen – muss das sein?", fragen Sie sich womöglich, wenn Sie in die eigenen vier Wände ziehen. Ja, es muss sein, wenn Sie Fernsehen und Radio in der eigenen Wohnung nutzen. Haben Sie keinen Fernseher, sondern nur Radio und Internet, zahlen Sie 5,76 Euro im Monat. Mit diesen Rundfunkgebühren zahlen Sie dafür, dass Sie die öffentlich-rechtlichen Fernseh- und Radiosender empfangen können.

Wenn Sie in eine eigene Wohnung ziehen, sind Sie gebührenpflichtig. Die Gebühreneinzugszentrale (GEZ) erfährt von Ihrem neuen Zuhause: Sie bekommt die Informationen vom Einwohnermeldeamt. Die Chance, durch das Netz zu rutschen und nicht erfasst zu werden, ist gering. Und es hilft auch nichts, die Post der GEZ zu ignorieren. Es werden weitere Schreiben kommen. Wenn die Meldesituation dann immer noch nicht geklärt ist, steht womöglich irgendwann der Gebührenbeauftragte vor der Tür. Sie sind allerdings nicht verpflichtet, ihn in die Wohnung hereinzulassen. Stellt sich dennoch letztlich heraus, dass Sie seit Monaten schwarzsehen, zahlen Sie für diese Monate nach.

Nur unter bestimmten Voraussetzungen können Sie sich heute noch von der GEZ-Pflicht befreien lassen. Das gilt zum Beispiel für die Empfänger von Arbeitslosengeld II. Als Student oder Auszubildender können Sie den Antrag auf Befreiung stellen, wenn Sie nicht mehr bei den Eltern leben und BAföG oder Bundesausbildungsbeihilfe beziehen. Dazu sollten Sie eine beglaubigte Kopie des entsprechenden amt-

i Befreiung

Die Befreiung gilt immer erst ab dem Monat nach Ihrem Antrag. Wenn Sie also im April zum Sommersemester Ihr Studium aufnehmen, stellen Sie den Antrag am besten schon im März. Liegt der BAföG-Bescheid noch nicht vor, wenn Sie den Antrag einreichen, können Sie ihn später nachreichen.

lichen Bescheids an die Gebühreneinzugszentrale schicken, am besten per Einschreiben mit Rückschein, um sicherzugehen, dass Ihr Brief auch ankommt (das gilt im Prinzip für alle wichtigen Mitteilungen an die GEZ).

Leben Sie nicht allein, sondern in einer WG oder mit Ihrem Partner zusammen, kommt es für die Gebührenpflicht darauf an, wer welche Geräte hat. Wenn zum Beispiel beide WG-Bewohner einen Fernseher in ihrem Zimmer haben, sind Sie erst einmal beide gebührenpflichtig. Nur als BAföG-Empfänger können Sie sich von der Pflicht befreien lassen. Wenn Sie technische Geräte nur in einem Gemeinschaftsraum nutzen, reicht es, wenn nur einer von beiden Bewohnern bei der GEZ gemeldet ist. In dem Fall lohnt es sich aber, darauf zu achten, wer es ist: Wenn zum Beispiel Ihr Partner oder Mitbewohner ein Auto samt Autoradio hat, sollte auch er die angemeldete Person sein. Denn in der für die gesamte Wohnung zu zahlenden Gebühr ist das Autoradio mit eingeschlossen. Würde der Partner ohne Auto die Geräte in der Wohnung bei der GEZ anmelden, müsste der Mitbewohner trotzdem noch für sein Autoradio zahlen.

Besondere Regelungen gelten außerdem, wenn Sie als Student, Auszubildender oder Schulabgänger in der Warteschleife noch bei den Eltern leben.

Wohnen im „Kinderzimmer". Sie sind Student und wohnen in Ihrem alten Kinderzimmer und nutzen mit Ihren Eltern gemeinsam Küche und Bad. Sie bekommen kein BAföG und haben aus kleineren Aushilfsjobs ein monatliches Einkommen von 150 Euro. In Ihrem Zimmer haben Sie einen Fernseher und einen Laptop. In dem Fall müssen Sie keine Rundfunkgebühren bezahlen, wenn Ihre Eltern bei der GEZ angemeldet sind. Solange Ihr eigenes Einkommen unter 287 Euro im Monat liegt, sind Ihre Geräte von der Gebührenpflicht befreit. Denn Ihr Einkommen liegt unter dem Sozialhilferegelsatz für Haushaltsangehörige.

Verdienst über 287 Euro. Verdienen Sie aber zum Beispiel als Auszubildender, der noch im alten Kinderzimmer bei den Eltern lebt, 500 Euro im Monat, müssen nicht nur Ihre Eltern GEZ-Gebühren zahlen, sondern Sie auch, da Sie die Grenze von 287 Euro überschreiten. Für diese Einkommensgrenze zählt zum Beispiel auch mit, wenn Sie Geld aus einem Studienkredit bekommen oder einen Zuschuss der Eltern.

Eigene Wohnung im Elternhaus. Zahlen müssen Sie außerdem, wenn Sie im Elternhaus eine kleine Einliegerwohnung haben – zum Beispiel mit einem eigenen Eingang, eigener Küche und eigenem Bad. Dann führen Sie selbst Ihren Haushalt. Und das bedeutet: Sie müssen die Gebühren zahlen – unabhängig davon, wie hoch Ihr Einkommen ist.

✖ Ab ins Ausland

Wenn Sie ein Auslandssemester planen oder Ihren Haushalt aufgeben und zu jemandem ziehen, können Sie sich bei der GEZ abmelden. Bei der Abmeldung müssen Sie einen Abmeldegrund angeben. Diese Abmeldung geht in Ordnung, wenn Sie innerhalb von wenigen Wochen eine Bestätigung der GEZ erhalten.

Wichtig: Die Gebühreneinzugszentrale will wissen, was aus Ihren Fernseh- und Radiogeräten geworden ist. Wenn Sie diese beispielsweise zu Ihren Eltern nach Hause bringen, können Sie selbst sich die GEZ-Gebühren sparen – vorausgesetzt, Ihre Eltern zahlen die Gebühren für ihren eigenen Haushalt. Wenn Sie die Geräte allerdings in Ihrer Wohnung lassen, müssen Sie weiter zahlen.

Alles anders ab 2013

Bei der derzeitigen Rundfunkgebühr soll es auf Dauer nicht mehr bleiben. Vorgesehen ist, dass ab dem 1. Januar 2013 jeder Haushalt seinen „Rundfunkbeitrag" leisten soll. Wenn Sie also zu Hause ausziehen und in einer Wohnung, einer WG oder im Studentenwohnheim Ihren eigenen Haushalt gründen, müssen Sie den Beitrag zahlen. Bisher ist noch unklar, ob in einer WG dann beispielsweise alle Bewohner jeweils als einzelner Haushalt geführt werden oder alle zusammen nur einmal zahlen müssen. Wenn Sie hingegen zum Beispiel als Auszubildender weiter in Ihrem Zimmer bei den Eltern wohnen, zahlt die ganze Familie einen Rundfunkbeitrag – ganz egal wie viel Sie während der Ausbildung verdienen. Die Möglichkeit, sich von der Gebührenpflicht befreien zu lassen, wird es, sehr ähnlich wie heute, weiterhin geben.

Auszug? Glückliches Ende

Wenn es mit den WG-Kollegen nicht mehr klappt, wenn Sie den Studienort wechseln oder wenn Sie mit Ihrem Partner zusammenziehen wollen: Wollen Sie Ihre Wohnung kündigen, müssen Sie dies immer schriftlich machen und die Kündigung persönlich unterschreiben. Warum Sie kündigen, müssen Sie aber nicht sagen. Wenn zwischen Ihnen und dem Vermieter nichts anderes vereinbart wurde, gilt eine Kündigungsfrist von drei Monaten. Um sicherzugehen, dass die Kündigung pünktlich vorliegt, übergeben Sie sie entweder persönlich, wenn dies möglich ist. Oder schicken Sie sie per Einschreiben, damit Sie belegen können, dass Sie die Fristen eingehalten haben.

Ein Beispiel: Der 20-jährige Christian will zum 1. Dezember 2011 mit in die Wohnung seiner Freundin ziehen. Er kündigt sein WG-Zimmer zum 30. November 2011. Trotz der dreimonatigen Kündigungsfrist muss seine Kündigung nicht zwingend am 31. August dem Vermieter vorliegen. Es reicht, wenn er sie am dritten Werktag im September hat. Für 2011 wäre das Montag, der 5. September, da der Samstag und der Sonntag direkt vorher nicht als Werktage zählen.

Wollen Sie vor Ablauf der Kündigungsfrist aus ihrem Vertrag aussteigen, sprechen Sie mit Ihrem Vermieter. Vielleicht können Sie sich darauf einigen, dass er Sie vorzeitig ziehen lässt, wenn Sie ihm einen angemessenen Nachmieter präsentieren. Probieren Sie es auch, wenn Sie einen Vertrag unterzeichnet haben, bei dem eine Kündigung bis zu einem bestimmten Termin eigentlich ausgeschlossen ist. Lässt sich der Vermieter nicht darauf ein, bitten Sie ihn, einen Untermieter suchen zu dürfen. Verweigert er die Untervermietung, können Sie doch noch nach drei Monaten aus dem Vertrag aussteigen.

Kündigt der Vermieter eine Mieterhöhung an, haben Sie ein Sonderkündigungsrecht. War diese Erhöhung allerdings schon im Mietvertrag angekündigt worden, können Sie nicht einfach so vorzeitig kündigen.

Worauf kommt es an?

Gerade beim Auszug kann es noch einmal kritisch werden: Welche Zimmer müssen Sie streichen? Müssen Sie die Macken in den Türrahmen beseitigen? Und wer ist verantwortlich für die Risse in den Fliesen in der Küche?

Was Sie machen müssen, hängt entscheidend davon ab, was in Ihrem Mietvertrag steht. Lange Zeit gab es in den Mietverträgen zum Beispiel Klauseln, nach denen es zwingend vorgeschrieben war, alle drei Jahre die Küche und das Badezimmer zu streichen. Solche starren Klauseln sind heute nicht mehr gültig. Gültig sind allerdings Klauseln, die etwas freier formuliert sind. Wenn es also beispielsweise im Vertrag heißt, Küche und Bad müssten „in der Regel" oder „normalerweise" nach drei Jahren gestrichen werden.

Je nach Abnutzung der Wohnung müssen Sie als Mieter zum Beispiel Dübellöcher zuspachteln und überpinseln, Decken und Wände streichen oder auch die Heizkörper lackieren. Der Vermieter kann allerdings nicht verlangen, dass Sie für diese Aufgaben extra einen Handwerker engagieren. Sie können alles auch selbst mit Freunden machen, aber dann müssen die Arbeiten trotzdem fachgerecht erledigt werden – fleckige Wände und unsauber gestrichene Fensterrahmen muss der Vermieter nicht akzeptieren.

Wenn Sie nicht malen oder renovieren müssen, reicht es aus, das Zimmer oder die Wohnung leer und besenrein zu hinterlassen.

Es kann allerdings auch sein, dass die (wirksamen, da nicht starren) Fristen für die Renovierung noch nicht abgelaufen sind. Dann müssen Sie trotzdem etwas zahlen, wenn die Fristen bis zu Ihrem Auszug noch gar nicht abgelaufen sind. Das heißt, Sie sind, wenn es so im Mietvertrag steht, mit einer Quotenzahlung an den Renovierungskosten beteiligt. Renovieren Sie Ihre Wohnung, lässt sich diese Zahlung an den Vermieter selbstverständlich vermeiden.

Fazit: Sie sollten also nicht ohne vorherigen Rechtsrat einfach so die Renovierung verweigern, da die Kosten, die der Vermieter dann möglicherweise nach Kostenvoranschlag fordert, in keinem Verhältnis stehen zu dem Aufwand, den man hat, wenn man selbst alles weiß streicht.

Haben Sie selbst Laminatboden verlegt oder ein Hochbett eingebaut, sprechen Sie vorher mit dem Vermieter, ob diese Einbauten bleiben können. Vielleicht hat sich ja auch schon Ihr Nachmieter bereit erklärt, diese Dinge zu übernehmen. Es kann Ihnen aber auch passieren, dass Sie wieder alles entfernen müssen. Dies gilt auch für Einrichtungen, die Sie vom Vormieter übernommen haben.

> **i   Schäden**
>
> Gehen Schäden in der Wohnung auf Sie zurück und müssen Sie dafür zahlen, sprechen Sie mit der Privathaftpflichtversicherung. Sie übernimmt häufig auch Mietsachschäden.

Wenn Sie alle Aufgaben erledigt haben, gehen Sie gemeinsam mit Ihrem Vermieter in der Wohnung alles durch. Ist er nicht zufrieden und verlangt weitere Arbeiten, die Sie nicht nachvollziehen können, holen Sie sich Rat beim Mieterverein, was von Ihnen verlangt werden kann und was nicht.

Ist alles erledigt – ist also auch der Kellerraum ausgeräumt und ausgefegt, geben Sie die Wohnungsschlüssel zurück und lassen Sie sich die Rückgabe quittieren.

Spätestens sechs Monate nach dem Auszug müssten Sie dann Ihre Kaution zurückbekommen. Es kann allerdings sein, dass der Vermieter noch einen Teil davon zurückhält, wenn noch eine Nebenkostenabrechnung für Sie ins Haus steht.

Wochenende und Weihnachten: Reisen nach Hause

Für viele Studenten und Auszubildende ist der Ausflug in die eigenen vier Wände spätestens am Freitag wieder vorbei. Dann geht es zum Wochenendbesuch zurück zu den Eltern oder zu den Freunden von früher. Ist der Weg zu weit, steht oft zumindest zu Weihnachten der Heimatbesuch auf dem Programm.

Wie diese Heimfahrten das eigene knappe Budget belasten, hängt davon ab, für welche Variante Sie sich entscheiden und wann Sie mit den Planungen beginnen. Der große Vorteil, den Sie als Student oder Auszubildender in der Regel haben, ist, dass Sie zumindest im öffentlichen Personennahverkehr und in den Regionalzügen der Deutschen Bahn Rabatte bekommen. Als Auszubildender zahlen Sie zum Beispiel in Berlin für eine Monatskarte, mit der Sie Busse, S- und U-Bahnen in den Innenstadt-Tarif-Zonen AB nutzen können, 52 Euro. Als normaler Arbeitnehmer müssen Sie 72 Euro für diese Karte hinlegen.

Als Student zahlen Sie häufig einmal zu Semesterbeginn für Ihr Semesterticket und können dann den Nahverkehr kostenlos nutzen, selbst Regionalzüge der Deutschen Bahn sind dort in der Regel zumindest im eigenen Bundesland mit eingeschlossen. Studenten der Uni Münster zahlen zum Beispiel für ein NRW-Ticket, mit dem sie die Busse und Bahnen (mit Ausnahme der Schnellzüge) im gesamten Bundesland nutzen können, etwas mehr als 120 Euro. Studenten in Lüneburg zahlen pro Semester einmalig knapp 107 Euro, um in der Stadt selbst, in Niedersachsen, in Bremen und teilweise auch in Hamburg unterwegs sein zu können.

Fahren Sie weitere Strecken, zahlt sich womöglich die BahnCard aus. Als Auszubildender oder Student bis 26 Jahre können Sie zum Beispiel die BahnCard 25 für ein Jahr zum Preis von 39 Euro bekommen. Dann erhalten Sie 25 Prozent Rabatt auch auf Fernverkehrszüge wie ICE oder IC und können zusätzlich noch andere Vergünstigungen wie Sparpreise nutzen, die den anderen BahnCard-Inhabern mit „normaler" BahnCard auch zustehen. Reisende, die ganz normal im Erwerbsleben stehen, müssen für diese BahnCard 57 Euro zahlen. Sind Sie noch keine 18, kommt für Sie sogar noch die Jugend BahnCard 25 für 10 Euro infrage. Auch dann können Sie ein Viertel des eigentlichen Fahrpreises sparen.

Wenn die Anbindung stimmt, dürfte es somit für viele Auszubildende und Studierende günstiger sein, Busse und Bahnen zu nutzen anstatt mit dem eigenen Auto zu fahren. Womöglich

> **Verlängerung**
>
> Achten Sie darauf, wann die Gültigkeit Ihrer Karte ausläuft: Sie studieren in Berlin und kaufen sich zum Beispiel die BahnCard am 1. Juli, weil Sie dann ein Praktikum in Frankfurt absolvieren und jedes zweite Wochenende nach Berlin in Ihre Wohnung fahren wollen. Ab Oktober brauchen Sie die Karte nicht mehr und vergessen, dass Sie in Ihrer Geldbörse steckt. Das kann ärgerlich werden, denn wenn Sie nicht spätestens sechs Wochen vor Ende der Laufzeit kündigen, verlängert sich die Karte automatisch um ein Jahr – Sie erhalten also „ungewollt" eine neue Karte und zahlen erneut 39 Euro.

kommen auch diverse Sparaktionen für Sie infrage, wenn die Bahn besondere Tickets über Elektromärkte oder Lebensmitteldiscounter anbietet. Allerdings gelten für solche Tickets meist Besonderheiten, sodass Sie zum Beispiel nicht am Freitag fahren dürfen. Schauen Sie sich die Konditionen für die vermeintlichen Schnäppchen vor dem Kauf genau an und überlegen Sie, ob Sie zu Ihren Fahrgewohnheiten passen.

Preiswert reisen – das geht!

Sarah ist 19 Jahre alt und hat 2010 ihr Studium in Hamburg begonnen. Zu Beginn der Semesterferien im Sommer 2011 möchte sie zu ihren Eltern nach Münster fahren.

Normales Bahnticket: Wenn Sarah sich früh genug kümmert, hat sie sogar noch die Chance auf einen Sparpreis. Im Angebot sind zum Beispiel Tickets für die einfache Fahrt im IC in der zweiten Klasse für 29 und für 34 Euro. Je nachdem, wie sie sich entscheidet, ist sie dann an die vorab gebuchten Züge fest gebunden. Bucht sie erst kurzfristig und bekommt keinen Sparpreis mehr, zahlt sie 54 Euro.

BahnCard 25: Dank des Rabatts liegen die Preise zwischen 21,75 und 40,50 Euro – je nachdem, wann Sarah bucht. Für die BahnCard 25 zahlt Sarah einmalig 39 Euro.

BahnCard 50: In der zweiten Klasse zahlt Sarah für die Fahrt 27 Euro, einen günstigeren Sparpreis kann sie nicht bekommen, dafür kann sie sich aber noch kurzfristig entscheiden, mit welchem Zug sie fährt. Allerdings kostet die BahnCard 50, mit der die Fahrt nur die Hälfte des Normalpreises beträgt, für Studenten 118 Euro für ein Jahr – also 79 Euro mehr als die BahnCard 25. Das lohnt sich nur, wenn Sarah häufiger fährt und kurzfristig entscheiden will, welchen Zug sie nimmt.

Mitfahrzentrale: Wenn Sarah die einzige Mitfahrerin ist, muss sie für eine Wegstrecke mit einem Beitrag von etwa 15 Euro rechnen, sind mehr Mitfahrer dabei, wären es weniger. Die Entscheidung, wann und wo die Reise losgeht, liegt allerdings nicht bei ihr.

Mietwagen: Sarah überlegt sich, mit ihren zwei Schulfreundinnen, die in der Nähe von Hamburg arbeiten, einen Mietwagen zu nehmen. Sie bekommen das Angebot für einen VW Golf: Inklusive Vollkaskoversicherung mit 350 Euro Selbstbehalt müssen sie zu dritt etwa 120 Euro zahlen – macht pro Person etwa 40 Euro plus Benzin.

Als Alternative zu Bus und Bahn muss es aber auch nicht unbedingt das eigene Auto sein. Fahrgemeinschaften im Freundeskreis oder auch die Mitfahrzentrale können deutlich günstiger sein. Nachteil: Sie müssen sich nach dem Fahrer des Wagens richten und sind womöglich nicht so flexibel.

Wenn Sie mit mehreren Freunden oder Kollegen eine weite Strecke zurücklegen wollen, kann es sich alternativ womöglich auch lohnen, einen Mietwagen zu nehmen. Achten Sie dann darauf, dass Sie am Zielort flexibel die Möglichkeit haben, den Wagen wieder abzugeben. Vergessen Sie bei Ihren Planungen aber nicht, dass Sie auch Benzin zahlen müssen. Außerdem sollten Sie auf die Regelungen zum Versicherungsschutz achten. Im Grundpreis ist womöglich eine Vollkaskoversicherung mit hohem Selbstbehalt von zum Beispiel 750 Euro vereinbart. Wenn dann etwas passiert und Sie die Versicherung in Anspruch nehmen müssen, kann der hohe Selbstbehalt Ihr Budget enorm belasten. Eine Vollkaskoversicherung mit niedrigerem Selbstbehalt von zum Beispiel 350 oder nur 100 Euro treibt hingegen den Mietpreis weiter in die Höhe.

Welche Reisevariante letztlich die günstigste für Sie ist, müssen Sie je nach Ihrer individuellen Situation entscheiden – zum Beispiel: Mit wie vielen Personen sind Sie unterwegs? Lohnt sich für Sie eine BahnCard, weil Sie häufig fahren? Wie lange im Voraus beginnen Sie mit der Planung?

 Mobil

- Unter www.mitfahrzentrale.de können Sie sich nach Fahrtmöglichkeiten erkundigen. Hier finden Sie auch einen Preisrechner, mit dem Sie vorab einschätzen können, was in etwa an Preisen auf Sie zukommt.
- Aktuelle Konditionen für die Bahnfahrten finden Sie unter www.bahn.de. Hier können Sie auch online buchen.
- Ist die Entfernung selbst für die Bahn zu weit, finden Sie unter www.flug.de oder www.billigflieger.de eine Übersicht zu möglichen Flugpreisen für Ihre Strecke. Auch hier gilt: Je früher Sie planen und buchen, desto günstiger werden die Tickets.

> **Exkurs für Mieter: Pflichten trotz Abwesenheit**
> Ihre Pflichten als Mieter gelten auch weiter, wenn Sie zum Beispiel über Weihnachten eine Woche bei den Eltern sind, für drei Monate mit dem Rucksack nach Indien reisen oder einen Freund in den USA besuchen. Auch wenn Sie nicht da sind, sollten Sie deshalb sicherstellen, dass die Miete weiter regelmäßig gezahlt wird. Wenn Sie verpflichtet sind, regelmäßig das Treppenhaus zu wischen, sprechen Sie zum Beispiel mit Ihren Nachbarn und tauschen Sie die Dienste. Bevor Sie fahren, ziehen Sie am besten die Stecker aus den Steckdosen und drehen die Wasseranschlüsse ab.
>
> Dem Vermieter müssen Sie während Ihrer Abwesenheit keinen Schlüssel für Ihre Wohnung geben. Doch Sie müssen ihm zumindest Bescheid geben, wie er in die Wohnung kommen kann, wenn zum Beispiel in der WG über Ihnen die Waschmaschine ausläuft und der Vermieter wissen will, ob das Wasser auch in Ihrer Wohnung Spuren hinterlassen hat. Deshalb teilen Sie ihm oder der Hausverwaltung mit, bei welcher Freundin oder welchem Bekannten Sie einen Zweitschlüssel hinterlegt haben und wie diese Person zu erreichen ist.

Die Ausbildung im Betrieb:
Tour durch die Abteilungen

Vor dem ersten Arbeitstag

Egal ob Industriekaufmann oder Hotelkauffrau, Florist oder Augenoptikerin: Mit der Entscheidung für den Ausbildungsberuf und der Zusage des künftigen Arbeitgebers haben Sie zwei entscheidende Hürden bereits genommen. Nach der Unterschrift des Ausbildungsvertrags und vor dem Einstieg in den Arbeitsalltag bleiben aber noch einige organisatorische Aufgaben zu erledigen. Wir nennen hier zunächst einige Punkte, um die sich Auszubildende kümmern sollten.

Krankenkasse suchen

Als Auszubildender im Betrieb müssen Sie sich in einer gesetzlichen Krankenkasse versichern. Auszubildende können sich nicht mehr wie bislang kostenlos über ihre Eltern gesetzlich krankenversichern oder eine private Krankenversicherung führen. Sie müssen sich um Ihren eigenen Schutz kümmern, selbst wenn Sie noch keine 18 sind.

Die Krankenkasse, in der Sie Mitglied werden, können Sie sich aussuchen. Möglich ist natürlich, in der Krankenkasse zu bleiben, in der Sie als Kind über Ihre Eltern versichert waren. Das müssen Sie aber nicht. In Deutschland gibt es noch immer weit über 100 Krankenkassen. Viele von ihnen stehen jedem offen, ein Teil aber auch nur Bewohnern in bestimmten Bundesländern. Es gibt außerdem weiterhin einige Krankenkassen, die nur Mitarbeiter eines bestimmten Unternehmens als Mitglieder aufnehmen. Hat der eigene Ausbildungsbetrieb eine Betriebskrankenkasse (BKK), kann es bequem sein, dorthin zu gehen, doch Pflicht ist das nicht.

Was die Krankenkassen bieten, ist zu einem überwiegenden Teil gleich. Doch es gibt auch einige Punkte, an denen sie sich unterscheiden. Mehrere Kassen zahlen zum Beispiel für bestimmte Reiseimpfungen, andere tun das nicht. Viele Kassen belohnen ihre Mitglieder, wenn sie sich besonders gesundheitsbewusst verhalten, mit Bonuszahlungen am

> **✘ Freunde fragen**
>
> Fragen Sie Ihre Freunde, bei welcher Kasse sie sind und ob sie damit zufrieden sind. Wenn dieselbe Kasse auch für Sie infrage kommt, ist je nach Anbieter sogar noch ein kleiner Bonus für Sie und Ihre Bekannten drin: Fragen Sie bei der Kasse, ob Sie Mitglieder belohnt, die neue Mitglieder werben.

Jahresende. Manchmal gibt es Geld als Belohnung, manchmal Sprungseile oder andere Sportgeräte und manchmal gar nichts.

Steht die Krankenkasse fest, und hat der Arbeitgeber bestätigt, dass Sie dort arbeiten, wendet sich die Kasse an den Rentenversicherungsträger. Der stellt dann einen Sozialversicherungsausweis aus, auf dem unter anderem Ihr Name und Ihre Versicherungsnummer stehen. Das passiert automatisch, sodass Sie sich nicht darum kümmern müssen. Nachdem Sie den Ausweis per Post bekommen haben, müssen Sie ihn Ihrem Arbeitgeber vorlegen.

Versicherungsschutz anpassen

Beim übrigen Versicherungsschutz muss sich meist mit Ausbildungsbeginn gar nichts ändern. Erwachsene Kinder sind in aller Regel bis zum Ende der ersten Ausbildung in der Privathaftpflichtversicherung ihrer Eltern versichert. Einen eigenen Vertrag benötigen sie dann nicht.

Auch von anderen Verträgen können Auszubildende häufig noch die Finger lassen. Zum Beispiel Hausratversicherung: Haben Sie nur ein kleines WG-Zimmer mit wenig Möbeln, können Sie sich den Schutz für die Versicherung häufig noch komplett sparen. Oder Sie fragen, ob der Schutz der Versicherung Ihrer Eltern auch für Sie noch gilt.

Sinnvoll ist hingegen, schon so früh wie möglich eine Berufsunfähigkeitsversicherung abzuschließen (⇢ Seite 80). Unbedingt notwendig ist für gesetzlich Krankenversicherte eine

Auslandsreise-Krankenversicherung, wenn sie außerhalb Deutschlands Urlaub machen. (Mehr zum Versicherungsschutz ab Seite 65.)

Steuerkarte – nicht mehr auf Papier

Zum Pflichtprogramm vor Aufnahme einer ersten Stelle gehörte bisher auch immer, sich bei der Gemeinde am Wohnort eine Lohnsteuerkarte zu besorgen. Auf der Steuerkarte standen unter anderem Informationen zur Steuerklasse, zu möglichen Steuerfreibeträgen und eventuell zur Kirchensteuerpflicht. Wenn der Arbeitgeber diese Informationen über die Lohnsteuerkarte hatte, konnte er wenn nötig jeden Monat für das Ausbildungsgehalt Lohnsteuer an das Finanzamt überweisen. 2011 ist das anders, denn seit diesem Jahr gibt es die Lohnsteuerkarte auf Papier nicht mehr. Für Auszubildende heißt das: Wenn Sie dieses Jahr erstmals eine lohnsteuerpflichtige Beschäftigung annehmen und direkt nach der Schule Ihre Ausbildung im Betrieb beginnen, sagen Sie dem Arbeitgeber Bescheid, ob Sie verheiratet sind oder nicht. Sind Sie ledig, kann der Arbeitgeber die fällige Lohnsteuer nach Steuerklasse I einbehalten. Für Verheiratete gibt es die Lohnsteuerklassen III, IV oder V. Alleinerziehende werden in Klasse II eingeordnet.

Alle, die nicht direkt nach der Schule als Auszubildende beginnen, sondern zum Beispiel erst für andere Jobs Lohnsteuer zahlen müssen, können bei ihrem Finanzamt einen Antrag auf eine Ersatz-Bescheinigung stellen, aus der die entscheidenden Informationen hervorgehen. Wer schon aus dem Jahr 2010 eine Lohnsteuerkarte hat, benutzt diese 2011 weiter. Ab 2012 sollen die entsprechenden Informationen dann in digitaler Form vorliegen.

Wie viel Lohnsteuer der Arbeitgeber vom Ausbildungsgehalt einbehalten hat, steht auf der Gehaltsabrechnung. Mehr dazu auf Seite 150.

Konto finden

Da es das Gehalt aus der Ausbildung in aller Regel nicht bar auf die Hand gibt, benötigen Sie spätestens jetzt ein eigenes Konto. Sie haben, wie beispielsweise Studenten, auch die Chance, bei zahlreichen Banken ein kostenloses Konto zu bekommen. Damit der Ausbildungsbetrieb Ihr Gehalt überweisen kann, muss er die notwendigen Daten zu dem Konto wissen: Name der Bank, Bankleitzahl und Kontonummer.

Kindergeld sichern

Für Kinder bis 18 Jahre haben Eltern Anspruch auf Kindergeld. Für ältere Kinder besteht der Anspruch weiter, solange diese sich in Ausbildung befinden. Vorgesehen ist, die Regelungen zum Kindergeld zugunsten der Familien ab 2012 zu verbessern, aber für 2011 ist noch nicht damit zu rechnen. Zumindest in diesem Jahr bleibt es dabei, dass Eltern nur dann Kindergeld bekommen, wenn ihr Sohn oder ihre Tochter nicht zu viel verdient. Nur wenn die Einkünfte und Bezüge des Kindes in Ausbildung bei maximal 8 004 Euro im Jahr liegen, fließt weiterhin Kindergeld. Wenn dieser Grenzwert ab 2012 entfällt, hat das erfreulicherweise zur Folge, dass Eltern unabhängig vom Verdienst der Kinder die staatliche Unterstützung bekommen können.

Derzeit rechnet die Kindergeldkasse, die bei der Arbeitsagentur angesiedelt ist, aber noch ganz genau nach, welche Einkünfte und Bezüge Tochter oder Sohn haben. Zu den Einkünften zählt das Ausbildungsgehalt, womöglich auch Zinsen – zum Beispiel aus einem Erbe der Oma – und auch das Gehalt aus einem Nebenjob. Zu den Bezügen zählt Arbeitslosengeld oder auch der BAföG-Zuschuss für einen Studierenden.

Zumindest zu Beginn der Ausbildung werden vermutlich viele von Ihnen kein Einkommen bis zu diesem Wert haben, da auch zahlreiche Posten den Wert der Einkünfte und Bezüge senken, zum Beispiel Werbungskosten, die für die Ausübung des Jobs anfallen, oder auch die Pflichtbeiträge zur gesetzlichen Sozialversicherung.

Achtung: Bleiben Auszubildende trotz der Abzüge auch nur einen einzigen Euro über der entscheidenden Grenze, fällt das Kindergeld weg. Stellen Eltern im Laufe des Jahres fest, dass es so weit kommen könnte, bleibt ihnen die Möglichkeit, noch zu reagieren. Dann kann es sich zum Beispiel lohnen, wenn Sohn oder Tochter Geld in einen Vertrag zur betrieblichen Altersvorsorge einzahlen. So sinken die Einkünfte, es fließt weiterhin Kindergeld und gleichzeitig sparen Sie auch noch etwas für die Zukunft.

Den weiter bestehenden Anspruch auf Kindergeld müssen Eltern von Kindern in Ausbildung bei der Familienkasse belegen. Das können die Eltern, wenn sie der Familienkasse eine Kopie des Ausbildungsvertrags vorlegen.

Um die Wohnung kümmern

Ganz gleich, ob der Umzug aufgrund der Entfernung zwischen Elternhaus und Arbeitsplatz notwendig ist oder ob die Auszubildenden ihn sich so wünschen: WG- oder Wohnungssuche nehmen einige Zeit in Anspruch. Mit der Suche sollten Sie also früh genug beginnen. Fragen Sie auch beim Wohnungsamt Ihrer Stadt nach, ob Sie einen Wohnberechtigungsschein bekommen, mit dem Sie eine günstige Sozialwohnung mieten können. Je nach Einkommenshöhe sowie der Höhe der zu zahlenden Miete kann es sein, dass Sie außerdem Anspruch auf Wohngeld vom Sozialamt haben. (Mehr dazu ⇢ Seite 97.)

Hilfreich ist, wenn der Umzug bis Ausbildungsbeginn über die Bühne gegangen ist. Dann müssen Sie sich in den ersten Arbeitstagen nicht zusätzlich noch Gedanken über Möbelpacker, Parkplatz für einen Kleintransporter oder Besuche im Möbelhaus machen. Was bei der Wohnungssuche alles zu beachten ist, zeigen wir ausführlich ab Seite 90.

Weg zur Arbeit organisieren

„Wie komme ich jeden Morgen in die Firma?" In den Städten ist diese Frage meist einfach zu beantworten, wenn der öffentliche Nahverkehr gut ausgebaut ist. Kaufen Auszubildende ihre Tickets, können sie diese häufig mit Rabatt bekommen.

Schwieriger wird es für Auszubildende, die zum Beispiel von einem Dorf in die nächstgrößere Stadt pendeln müssen. Zug- und Busverbindungen können spärlich sein, und für Fahrrad oder Mofa ist der Weg vielleicht zu weit und schlauchend. Gut dran ist, wer dann beispielsweise mit Freunden oder Bekannten aus der Nachbarschaft eine Fahrgemeinschaft bilden kann. Klappt das nicht, ist womöglich ein eigenes Fahrzeug die einzige Alternative. In der Regel ist es dann am günstigsten, mit den Eltern gemeinsam eine Lösung zu finden. Haben sie zum Beispiel einen Zweitwagen, den Tochter oder Sohn mit nutzen können, ist der Versicherungsschutz deutlich günstiger als wenn der Auszubildende selbst einen Wagen versichern muss (→ Seite 78).

Berufsausbildungsbeihilfe beantragen

Der Beginn der Ausbildung ist womöglich der richtige Zeitpunkt, bei den Eltern auszuziehen. Manchmal lässt es sich gar nicht vermeiden, wenn der Ausbildungsplatz nicht am Wohnort der Familie liegt. Doch eine eigene Wohnung oder nur ein WG-Zimmer bezahlen, wenn das Ausbildungsgehalt gerade mal bei 400 oder 500 Euro im Monat liegt? Ein Zuschuss der Eltern kann helfen, doch längst nicht in jeder Familie ist das finanziell drin.

Auszubildende, die nicht mehr bei ihren Eltern leben können, weil die Wohnung zu weit vom Ausbildungsplatz entfernt ist, können bei der Bundesagentur für Arbeit die Berufsausbildungsbeihilfe (BAB) beantragen. Diese Förderung müssen Sie, anders als etwa einen Teil des BAföGs, nicht zurückzahlen.

Die Arbeitsagentur zahlt für eine berufliche Ausbildung im Betrieb oder auch für eine außerbetriebliche Ausbildung in einem anerkannten Ausbildungsberuf. Auch berufsvorbereitende Bildungsmaßnahmen fördert sie unter bestimmten Voraussetzungen.

Die Ausbildungsförderung, die je nach finanzieller Situation bei einigen Hundert Euro im Monat liegen kann, gewährt die Arbeitsagentur auf Antrag. Sie prüft allerdings, ob den Antragstellern die Mittel, die sie für das Führen ihres eigenen Haushalts, für Fahrtkosten und den sonstigen Bedarf benötigen, bereits aus anderen Quellen zustehen.

In einer Bedürftigkeitsprüfung errechnet die Agentur den Bedarf des Auszubildenden und bezieht dabei neben dem eigenen Einkommen auch das Einkommen der Eltern und eventuell eines Ehepartners mit ein. Dabei rechnet es noch mit verschiedenen Freibeträgen: Zum Beispiel werden vom eigenen Ausbildungsgehalt 58 Euro abgezogen. Das Einkommen von verheirateten, zusammenlebenden Eltern zählt nur oberhalb des Freibetrags von 1605 Euro im Monat mit.

Achtung: Beantragen Sie den Zuschuss möglichst früh – am besten mehrere Wochen vor dem Start der Ausbildung, damit die Zahlung pünktlich zu Ausbildungsbeginn starten kann. Wenn die Agentur den Antrag bewilligt, erhalten Sie den Zuschuss frühestens rückwirkend ab dem Monat, in dem Sie den Antrag auf die Leistungen gestellt haben. Wer also die Ausbildung im September beginnt, aber erst am 20. November den Antrag stellt, erhält erst ab November die Beihilfe.

@ **Berufsausbildungsbeihilfe**

Mehr Informationen erhalten Sie im Internet unter www.arbeitsagentur.de oder bei Ihrer örtlichen Arbeitsagentur. Hier müssen Sie auch den Antrag auf Berufsausbildungsbeihilfe stellen, Sie finden ihn nicht im Internet.

Beispielrechnung

Alina wohnte bisher bei ihren Eltern in Bad Bramstedt. Weil sie dort keine Ausbildungsstelle als Floristin gefunden hat, beginnt sie eine Ausbildung in Kiel. Ihr gemietetes Zimmer kostet 230 Euro im Monat. Im ersten Ausbildungsjahr bekommt sie eine Ausbildungsvergütung von 320 Euro im Monat.

Für den Lebensunterhalt werden monatlich zugrunde gelegt:

- Als Grundbedarf 348 Euro
- Pauschale für Miete 149 Euro
- Zuschlag, wenn die nachweisbaren Mietkosten 149 Euro übersteigen
  (in ihrem Fall eigentlich 81 Euro, maximal möglich 75 Euro) 75 Euro
- Bedarf für Arbeitskleidung 12 Euro
- Fahrtkosten für Fahrten zwischen
  Wohnung und Arbeitsstätte (Monatskarte) 41 Euro
- Bedarf für eine Familienheimfahrt im Monat 14 Euro

Gesamtbedarf **639 Euro**

Alina hat einen Gesamtbedarf von 639 Euro. Auf diesen Wert wird nun im ersten Schritt ihr eigenes Ausbildungsgehalt angerechnet:

Alinas Ausbildungsgehalt 320 Euro

Davon wird ein Freibetrag in Höhe von 58 Euro abgezogen, sodass das Anzurechnende Einkommen beträgt 262 Euro

Lücke (639 Euro – 262 Euro) 377 Euro

Ob Alina diese Summe bekommt oder weniger, hängt nun noch davon ab, wie viel Ihre Eltern verdienen: Das Einkommen der Eltern liegt bei 1 900 Euro im Monat.

Das Einkommen der Eltern wird nur oberhalb diverser Freibeträge für Alinas Bedarfsrechnung berücksichtigt: Die Freibeträge für ihre Eltern liegen bei 1605 + 567 Euro, also insgesamt bei 2 172 Euro. Bei einem Einkommen von 1 900 Euro werden somit die Freibeträge insgesamt nicht überschritten.

Das bedeutet: Das Einkommen der Eltern bleibt bei der Berechnung von Alinas Bedarf außen vor. Wäre das Einkommen der Eltern höher als die Freibeträge gewesen, würde es in Teilen angerechnet.

Für Alina bedeutet dieses Ergebnis, dass sie einen Anspruch auf 377 Euro Berufsausbildungsbeihilfe hat. Diese Beihilfe wird allerdings nicht für die gesamte Ausbildung auf einmal gewährt, sonder bei beruflicher Ausbildung zunächst für 18 Monate. In anderen Fällen liegt der Bewilligungszeitraum bei einem Jahr.

Quelle: Bundesagentur für Arbeit

Ihre Rechte am Arbeitsplatz

Sind die organisatorischen Details geklärt, kann es mit der Ausbildung losgehen. Diese ist in Deutschland zweigleisig ausgerichtet: Die praktische Ausbildung im Unternehmen wird kombiniert mit schulischer Ausbildung in der Berufsschule. Da bestimmte Regelungen und Vorgaben je nach Branche und Unternehmen ganz unterschiedlich ausfallen können, wollen wir hier nur einige grundlegende Informationen geben, was die Auszubildenden selbst beachten müssen und welche Rechte Sie gegenüber dem Ausbildungsbetrieb haben. Mehr zu den genauen Regelungen im eigenen Betrieb und in der Branche erfahren Sie zum Beispiel bei Ihren Kollegen und bei der zuständigen berufsständischen Kammer Ihres Arbeitgebers. Sofern es in Ihrem Ausbildungsbetrieb eine Jugend- und Ausbildungsvertretung gibt, können Sie sich bei Problemen an diese oder gegebenenfalls auch an eine branchenübliche Gewerkschaft wenden.

> **@ Gewerkschaften in Deutschland**
>
> Welche Gewerkschaften kommen für Sie infrage? Was sind deren Aufgaben und Positionen? Einen ersten Überblick finden Sie beim Deutschen Gewerkschaftsbund (DGB): www.dgb-jugend.de.
>
> Es gibt auch viele Gewerkschaften außerhalb des DGB. Erkundigen Sie sich in Ihrem Wohnort danach.

Der Ausbildungsvertrag

Der Ausbildungsvertrag muss vor Ausbildungsbeginn dem Auszubildenden in schriftlicher Form vorliegen. Im Ausbildungsvertrag ist unter anderem geregelt, zu welchem Beruf die Ausbildung führen soll, wie lange sie dauert, wie lang die tägliche Arbeitszeit ist, wie viel Urlaub dem Auszubildenden zusteht und natürlich auch, welches Gehalt er dafür bekommt. Auszubildende, die bereits volljährig sind, unterschreiben den Vertrag selbst. Für jüngere Job-Einsteiger müssen die Eltern den Vertrag mit unterzeichnen. Der Ausbildungsvertrag ist grundsätzlich befristet und endet mit dem Bestehen der letzten Prüfung.

Kündigungen

Während der Probezeit, die bis zu vier Monate dauern kann, können der Auszubildende oder der Ausbildungsbetrieb den Vertrag ohne Angabe von Gründen kündigen. Eine Kündigung ist immer schriftlich zu erklären, egal wer sie ausspricht. Nach Ablauf der Probezeit kann der Auszubildende selbst weiterhin ohne wichtigen Grund kündigen. Er kommt also problemlos heraus, wenn er zum Beispiel feststellt, dass der geplante Beruf doch nichts für ihn ist. Er muss hierfür aber eine Frist von 4 Wochen einhalten.

Der Ausbildungsbetrieb kann dagegen nur mit einem wichtigen Grund die Kündigung aussprechen. Ein einmaliges Zuspätkommen reicht dafür nicht aus. Wenn aber herauskommt, dass Sie zum Beispiel die Berufsschule geschwänzt haben und trotz Ermahnung durch den Arbeitgeber erneut gefehlt haben, kann er Sie abmahnen und Ihnen bei weiterem Fehlverhalten kündigen. Bei Straftaten wie Diebstahl im Betrieb ist gleich eine Kündigung möglich. Die Kündigungsgründe müssen aber immer in dem Kündigungsschreiben aufgeführt werden.

Volljährige Auszubildende erhalten die Kündigung persönlich. Sollen jüngere Auszubildende entlassen werden, muss das Kündigungsschreiben an die Eltern gesandt werden.

Den vereinbarten Beruf lernen

Mit dem ersten Tag im Betrieb hat jeder Auszubildende Anspruch darauf, die Tätigkeiten zu erlernen, die er später für die Ausübung seines Berufs benötigt. Was die jungen Mitarbeiter als angehende Krankenpflegerin oder angehender -pfleger, Kfz-Mechatroniker oder Fitnesskaufleute vermittelt bekommen müssen, ist für jeden Ausbildungsberuf im sogenannten Ausbildungsrahmenplan festgelegt.

Achtung: Natürlich ist nicht ausgeschlossen, dass Sie auch ab und zu zum Kopierdienst oder Kaffeekochen abgestellt werden. Solche Tätigkeiten dürfen aber nicht zur Regel werden. Wenn Sie das Gefühl haben, dass Ihre eigentliche Ausbildung auf der Strecke bleibt, sollten Sie sich wehren. Wenn Sie im Gespräch mit Ihren Kollegen hier nicht weiterkommen, sind zum Beispiel der Betriebsrat (im öffentlichen Dienst der Personalrat), die Jugend- und Auszubildendenvertretung und die Vertrauensleute, die es im Unternehmen gibt, Ansprechpartner.

Berichtsheft, Arbeitsmittel und Ausbildungsorte

Die einzelnen Tätigkeiten, die Sie während der Arbeit erledigen, müssen Sie in einem Berichtsheft festhalten. Das Ausfüllen dieses Heftes ist Bestandteil der Ausbildung und darf deshalb auch während der Arbeitszeit geschehen. Der Ausbilder muss dieses Berichtsheft unterschreiben.

Übrigens haben Sie als ein Auszubildender auch Anspruch darauf, dass der Betrieb Ihnen sämtliche notwendigen Arbeitsmittel kostenlos zur Verfügung stellt – vom Fachbuch bis hin zur Schutzkleidung, wenn diese für bestimmte Tätigkeiten etwa im Labor oder in der Produktion notwendig ist, nicht aber die Schulbücher.

> **@ Alles zur Ausbildung**
>
> Eine Übersicht zu den Ausbildungsrahmenplänen bietet das Bundesinstitut für berufliche Bildung auf der Seite www.bibb.de. Die Seite informiert über sämtliche Ausbildungsberufe, die es deutschlandweit gibt.
>
> Unter www.planet-beruf.de bietet die Bundesagentur für Arbeit einen Rundumüberblick zur Berufsausbildung im Betrieb. Unter www.students-at-work.de informiert die DGB-Jugend auch Auszubildende über das, was auf sie zukommt.

Die Ausbildung muss nicht an einem Ort stattfinden. Je nach Unternehmen besteht womöglich die Chance, sich in einer anderen Filiale oder sogar in einem Sitz des Unternehmens im Ausland einen Einblick in die dortige Arbeit zu verschaffen. Wenn Sie dieses Angebot erhalten, klären Sie möglichst früh die Rahmenbedingungen für eine solche Praxisphase: Was sollen oder wollen Sie dort lernen? Wie lässt sich das mit der übrigen Ausbildung – zum Beispiel Besuch der Berufsschule – vereinbaren? Wird der im Ausland absolvierte Ausbildungsteil auch hier anerkannt? Und vor allem: Wer kommt für Mehrkosten wie etwa für Unterkunft, Fahrten und Verpflegung auf? Sprechen Sie diese Fragen vorab an, damit Sie sich nicht hinterher ärgern, wenn Sie aus eigener Tasche alles draufzahlen müssen.

Den Arbeitgeber informieren

Ganz ohne Pflichten sind Sie aber als Auszubildender nicht. Wenn Sie zum Beispiel krank werden, müssen Sie den Betrieb so schnell wie möglich, also möglichst vor Arbeitsbeginn, darüber informieren, dass Sie nicht kommen können. In der Regel verlangen die Unternehmen zusätzlich spätestens nach drei Tagen eine Krankschreibung durch den Arzt.

Informieren müssen Sie den Arbeitgeber auch, wenn Sie beispielsweise noch einen Nebenjob haben, weil Sie sonst nicht mit dem Geld auskommen. Diesen Job kann er allerdings nur unter bestimmten Voraussetzungen verbieten, etwa wenn Sie abends lange kellnern und das Ihre Tätigkeit im Ausbildungsbetrieb beeinträchtigt oder wenn Sie für die Konkurrenz arbeiten.

Wenn die Ausbildung endet

Am Ende der Ausbildung steht die Prüfung, die je nach Ausbildungsberuf zum Beispiel vor der Industrie- und Handelskammer oder der Handwerkskammer abzulegen ist. Die

Ausbildung endet automatisch mit Bestehen der mündlichen Prüfung. Wie es danach weitergeht? Vielleicht werden Sie vom Betrieb übernommen? Dann wird ein neuer Arbeitsvertrag geschlossen – nach abgeschlossener Ausbildung nicht mehr zum niedrigen „Azubi"-Gehalt, sondern als Facharbeiter mit dem entsprechenden Gehalt. Selbst wenn das nur vorübergehend ist, zahlt es sich zumindest bei einer späteren Arbeitslosigkeit aus. Das Arbeitslosengeld I steigt dank des höheren Gehalts etwas an.

Achtung: Geht es im Ausbildungsbetrieb nicht weiter, ist der Arbeitgeber gesetzlich nicht verpflichtet, den Auszubildenden darüber bis zu einem bestimmten Termin zu informieren. Im Tarifvertrag oder innerhalb des Betriebs kann es allerdings andere Regelungen geben, sodass Sie frühzeitig Klarheit haben, ob Sie etwas Neues suchen müssen. Kommt der Ausbilder nicht auf Sie zu, sollten Sie mehrere Monate vor Ausbildungsende selbst das Gespräch mit Ihrem Chef suchen, um herauszufinden, wie es für Sie weitergeht.

Womöglich entscheidet sich Ihr Arbeitgeber erst kurzfristig, ob Sie bleiben können. Ist noch nichts endgültig geklärt, sollten Sie zur Sicherheit spätestens drei Monate vor Ausbildungsende zur Arbeitsagentur an Ihrem Wohnort gehen und sich arbeitsuchend melden, damit vom ersten Tag der Arbeitslosigkeit an das Arbeitslosengeld fließen kann.

Anspruch auf ein wohlwollendes Zeugnis

Ganz gleich, ob es im Unternehmen weitergeht oder nicht: Jeder Auszubildende hat nach dem Ende seiner Ausbildung Anspruch auf ein qualifiziertes Arbeitszeugnis, aus dem hervorgeht, was der Mitarbeiter gelernt hat und wie er die ihm übertragenen Aufgaben ausgeführt hat. Das Bundesarbeitsgericht hat klargestellt, dass ein Ausbildungszeugnis in seiner Aussage vollständig, wahr und wohlwollend sein muss, sodass es der weiteren beruflichen Entwicklung dienen kann.

Aber was genau heißt das? Die Formulierungen in Ausbildungs- und Arbeitszeugnissen sind nicht immer einfach zu verstehen und haben ihre Tücken.

„Der Mitarbeiter hat die ihm übertragenen Aufgaben im Großen und Ganzen zu unserer Zufriedenheit erledigt." Diese Aussage klingt zwar nicht so überragend, aber augenscheinlich noch einigermaßen ordentlich. Übersetzt heißt die Formulierung allerdings, die Leistung des Auszubildenden war „mangelhaft".

„Der Mitarbeiter hat zu unserer vollen Zufriedenheit gearbeitet." In Schulnoten übersetzt bedeutet diese Formulierung nur „befriedigend". In einem sehr guten Zeugnis würde stehen: „Der Mitarbeiter hat die ihm übertragenen Aufgaben stets zu unserer vollsten Zufriedenheit erledigt."

Maßgebend ist aber bei allen Zeugnissen immer der gesamte Textzusammenhang.

> **Das gehört ins Ausbildungszeugnis**
>
> - Angaben über die Leistung beschreiben das körperliche und geistige Vermögen, zum Beispiel die Eignung für den Beruf und die Umsetzung der erlernten Fähigkeiten, Fleiß, Ausdauer, die Bereitschaft und Fähigkeit zum Lernen sowie soziales Verhalten, Teamfähigkeit.
>
> - Angaben über besondere fachliche Fähigkeiten umfassen zum Beispiel besondere Fremdsprachenkenntnisse, außerordentliche Neigungen und Begabungen oder herausragendes Fachwissen.
>
> - Angaben über das Verhalten im Betrieb, zum Beispiel zu den Charaktereigenschaften des Auszubildenden wie Zuverlässigkeit, Ehrlichkeit, Pünktlichkeit und Höflichkeit.
>
> Nicht auftauchen dürfen in einem Zeugnis zum Beispiel Angaben über ein einmaliges Fehlverhalten oder außerbetriebliches Verhalten. Die wichtigsten Hinweise, wie ein ordentliches Zeugnis auszusehen hat, bietet der Ratgeber „Arbeitszeugnis" der Verbraucherzentralen (⇢ Seite 216).

Eigenes Geld: Das Gehalt

Es ist ein besonderes Gefühl, wenn das erste selbstverdiente Geld auf dem Konto eingeht – selbst wenn die Summe während der Ausbildung nicht besonders hoch ist. Wie viel Auszubildende verdienen, ist in den Tarifverträgen für die jeweiligen Branchen festgelegt. Je nach Beruf kann es sein, dass die Gehälter in den neuen Bundesländern noch hinter denen in den alten Ländern zurückbleiben.

Die Gehaltsabrechnung

Das Ausbildungsgehalt landet allerdings in der Regel nicht komplett auf dem eigenen Konto. Sie müssen wie ausgelernte Arbeitnehmer auch Beiträge für die Sozialversicherung zahlen – also für Kranken- und Pflegeversicherung, für Renten- und Arbeitslosenversicherung (⸺› Seite 67). Wenn Sie zum Beispiel ein Bruttogehalt von 460 Euro im Monat haben, erhalten Sie netto rund 360 Euro ausgezahlt.

Nur wenn ihr Gehalt brutto bei höchstens 325 Euro im Monat liegt, übernimmt der Arbeitgeber sämtliche Beiträge zur Sozialversicherung.

Liegt das Gehalt bei 894 Euro oder mehr im Monat, muss der Arbeitgeber für das Finanzamt zusätzlich noch Lohnsteuer von Ihrem Gehalt abziehen. Dieses Geld ist aber nicht endgültig weg: Sie können es sich über die Steuererklärung am Jahresende häufig zumindest zum Teil zurückholen (⸺› Seite 151).

> **i Brutto – Netto**
>
> Das, was letztlich auf Ihrem Konto landet, ist das Nettogehalt. Es ergibt sich, wenn von Ihrem Bruttogehalt Steuern und Ihr Anteil an den Sozialabgaben einbehalten wurde.

Checkliste: Was geht von Ihrem Gehalt weg, wenn es über 325 Euro liegt?

☐ **Lohnsteuer**
Der Arbeitgeber ermittelt, wie viel Lohnsteuer er für Ihr Einkommen an das Finanzamt abführen muss. Zusätzlich werden Solidaritätszuschlag (5,5 Prozent der zu zahlenden Steuer) und eventuell Kirchensteuer (je nach Bundesland 8 oder 9 Prozent der zu zahlenden Lohnsteuer) fällig.

☐ **Krankenversicherung**
Derzeit liegt der Beitragssatz bei 15,5 Prozent. Davon zahlen Sie 8,2 Prozent Ihres Einkommens. Die restlichen 7,3 Prozent zahlt der Arbeitgeber.

☐ **Pflegeversicherung**
Den Beitragssatz von 1,95 Prozent Ihres Einkommens teilen Sie sich mit dem Arbeitgeber. Wenn Sie älter als 23 Jahre sind und noch keine Kinder haben, zahlen Sie zusätzlich 0,25 Prozent aus eigener Tasche.

☐ **Rentenversicherung**
Sie teilen sich mit Ihrem Arbeitgeber den Beitragssatz von 19,9 Prozent zu gleichen Teilen – jeder zahlt 9,95 Prozent. Dieser Beitragssatz gilt, egal ob Sie 360 oder 810 Euro im Monat brutto verdienen. Als Auszubildender profitieren Sie nicht von der sogenannten Gleitzone und den damit verbundenen niedrigeren Beiträgen (→ Seite 34).

☐ **Arbeitslosenversicherung**
Sie teilen sich mit Ihrem Arbeitgeber den Beitragssatz von derzeit 3 Prozent.

☐ **Unfallversicherung**
Hier haben Sie kein Minus, der Arbeitgeber zahlt allein für die gesetzliche Unfallversicherung.

Geld zurück über die Steuererklärung

Die fälligen Abgaben für die Sozialversicherung können Sie sich nicht zurückholen. Hat der Arbeitgeber aber für Ihr Einkommen Lohnsteuer gezahlt, sieht das anders aus. Hier haben Sie gute Chancen, dass am Jahresende davon wieder etwas an Sie zurückfließt. Dafür müssen Sie eine Steuererklärung abgeben. Denn erst über diese Jahresabrechnung kann das Finanzamt endgültig ermitteln, wie hoch Ihr gesamtes Einkommen war und ob Sie dafür Steuern zahlen müssen. Die monatliche Lohnsteuerabrechnung durch Ihren Arbeitgeber ist nur eine grobe Vorabrechnung. Wenn Sie es dabei belassen, verschenken Sie womöglich Geld. Dafür sorgen mehrere Posten, die sich erst über die Steuererklärung auszahlen. Dazu zählen zum Beispiel die sogenannten Werbungskosten: Wenn Sie mit der Bahn zur Arbeit fahren, können Sie die Ticketkosten abrechnen. Wenn Sie sich Fachbücher kaufen, um sich für die Prüfung vorzubereiten, erkennt das Finanzamt den Kaufpreis an. Wenn Sie eine Fortbildung besuchen, die der Arbeitgeber nicht bezahlt, zählen für das Finanzamt unter anderem die Kursgebühren, die Fahrtkosten zum Seminar und Pauschalwerte für die Verpflegung mit.

Wenn der Arbeitgeber für Sie jeden Monat Lohnsteuer an das Finanzamt zahlt, rechnet er so ab, als ob Sie genau 1 000 Euro Werbungskosten im Jahr haben. Dieser Wert gilt automatisch für jeden Arbeitnehmer – egal ob in der Ausbildung oder schon ausgelernt. Dieser Wert reicht aber unter Umständen nicht aus. Wenn Sie zum Beispiel für Ihre Bahnkarte jeden Monat 60 Euro bezahlen, für die Prüfungsvorbereitung Fachbücher für insgesamt 250 Euro angeschafft und ein Halbtagsseminar für 100 Euro besucht haben, sind Sie schon über diesem Wert – bei 1 070 Euro. Die 70 Euro, die über die 1 000 Euro hinausgehen, berücksichtigt das Finanzamt erst bei Ihrer Steuererklärung.

Je höher die Werbungskosten sind, desto mehr zieht das Amt von Ihren Einnahmen ab. Und je niedriger der Wert ist, der dann übrig bleibt, desto weniger Steuern müssen Sie für das Jahr zahlen. Ergibt sich bei dieser Rechnung, dass die zu zahlende Steuer niedriger als die Lohnsteuer ist, die der Arbeitgeber im Laufe des Jahres bereits überwiesen hat, bekommen Sie Geld zurück.

Neben den Werbungskosten sorgen weitere Ausgaben für Steuervorteile. Dazu zählen unter anderem die Sonderausgaben. Hier rechnen Sie zum Beispiel Ihre Versicherungsbeiträge und Ausgaben für die Altersvorsorge ab. Wenn Sie für Medikamente und Arztbehandlungen sehr viel aus eigener

Tasche zahlen mussten, kann das ebenfalls einen Vorteil bringen – als sogenannte außergewöhnliche Belastung.

Wenn Sie nur Einkünfte aus Ihrer angestellten Beschäftigung haben und das Finanzamt all diese Posten abgezogen hat, bleibt das zu versteuernde Einkommen übrig. Liegt dieses bei höchstens 8 004 Euro im Jahr, bekommen Sie die gesamte Lohnsteuer, den Solidaritätszuschlag und die Kirchensteuer, die der Arbeitgeber vorab für Sie gezahlt hat, sogar komplett zurück. Deshalb gilt: Auch wenn es Mühe kostet, lohnt es sich letztlich, diese Steuererklärung zu machen, um kein Geld an das Finanzamt zu verschenken.

Etwas aufwendiger wird die Rechnung beim Finanzamt, wenn Sie zum Beispiel noch Geld von Ihrer Oma geerbt haben und dafür Zinsen kassieren. Je nachdem, wie hoch sie sind, können dafür Steuern fällig werden. Das Finanzamt addiert dann Ihre steuerpflichtigen Zinsen zu Ihren Einkünften aus der Ausbildung. Erst danach zieht es die Sonderausgaben und außergewöhnlichen Belastungen ab. Übrig bleibt wiederum das zu versteuernde Einkommen.

Aus dem Gehalt mehr machen

Bei niedrigem Ausbildungsgehalt fällt es schwer, davon noch etwas für später zu sparen. Doch es lohnt sich, wenn Sie sich zum Beispiel für Vermögenswirksame Leistungen oder einen Riester-Vertrag entscheiden und schon früh mit kleinen Beiträgen für das Alter vorsorgen. Dafür können Sie vom Arbeitgeber oder auch vom Staat finanziell belohnt werden.

Vermögenswirksame Leistungen

Vermögenswirksame Leistungen (VL) bedeuten Extrageld vom Chef und eventuell Zuschüsse vom Staat. Voraussetzung ist, dass Sie selbst einen Teil Ihres Gehalts in einen VL-Sparplan einzahlen. Im Tarifvertrag kann für die jeweilige

Branche festgelegt sein, ob Sie Anspruch auf Vermögenswirksame Leistungen haben und wie viel Ihr Chef zahlen muss. Bis zu 40 Euro Zuschuss im Monat sind drin, wenn Sie zum Beispiel einen Bausparvertrag, einen Aktienfonds- oder Banksparplan abschließen.

Bei niedrigem Einkommen gibt es allerdings nicht nur Geld vom Chef, sondern auch der Staat gibt etwas dazu: die Arbeitnehmersparzulage. Diese bekommen Sie allerdings nur, wenn Sie sich beim Sparen von Vermögenswirksamen Leistungen für einen Bausparvertrag, die Tilgung eines Baukredits oder einen Aktienfonds entscheiden. Schließen Sie einen Bausparvertrag ab und liegt Ihr Einkommen bei maximal 17 900 Euro im Jahr, ist eine Arbeitnehmersparzulage von bis zu 43 Euro im Jahr möglich. Bei Aktienfonds ist vorgegeben, dass Ihr Einkommen nicht über 20 000 Euro im Jahr liegen darf. In dem Fall gibt der Staat bis zu 80 Euro im Jahr dazu.

Wenn Sie bei Vertragsabschluss noch keine 25 Jahre alt sind und sich für einen Bausparvertrag entscheiden, können Sie zusätzlich noch die staatliche Wohnungsbauprämie kassieren – auch dann, wenn Sie Ihren Vertrag gar nicht für den Bau oder Kauf einer Immobilie nutzen wollen, sondern nur zum Sparen in den Bausparvertrag einzahlen. Als Prämie erhalten Sie noch einmal bis zu 45 Euro dazu, wenn Ihr Einkommen bei höchstens 25 600 Euro liegt. Nach einer Sperrfrist von sieben Jahren, in der Sie nicht an Ihr Geld herankommen, können Sie frei darüber verfügen.

Riester-Rente

Belohnt wird Ihr Sparen auch, wenn Sie sich für einen Riester-Vertrag entscheiden und dort regelmäßig Ihr Geld einzahlen, um im Alter eine Rente zu beziehen. Als Auszubildender zahlen Sie Ihre Beiträge zur Sozialversicherung und haben somit auch Anspruch auf diese Förderung. Möglich ist zum Beispiel eine Riester-Rentenversicherung, ein Fonds- oder Banksparplan. Auch ein Bausparvertrag kommt hier infrage.

Wenn Sie sich für einen dieser Verträge entscheiden, erhalten Sie vom Staat direkt bis zu 154 Euro im Jahr als Zulage zum Sparen dazu. Die volle Riester-Zulage kassieren Sie, wenn im Jahr mindestens 4 Prozent Ihres Bruttoeinkommens aus dem Vorjahr in den Vertrag fließen. Jeder, der bei Vertragsabschluss noch keine 25 Jahre alt ist, erhält außerdem noch einmalig 200 Euro extra.

Ein Beispiel: Anja Schuster ist 20 Jahre alt und hat als Auszubildende im vergangenen Jahr 6 000 Euro brutto verdient. Sie entscheidet sich für einen Riester-Banksparplan. Die volle staatliche Zulage erhält sie, wenn im Jahr des Vertragsabschlusses 240 Euro (das sind 4 Prozent von 6 000 Euro) in den Vertrag eingezahlt werden. Von diesen 240 Euro übernimmt der Staat als Zulage 154 Euro, sodass sie selbst nur noch 86 Euro im Jahr oder umgerechnet 7,17 Euro im Monat einzahlen muss (240 Euro – 154 Euro). Zusätzlich bekommt sie noch einmalig 200 Euro, da sie bei Vertragsabschluss noch keine 25 Jahre alt ist.

Betriebliche Altersvorsorge

Eine dritte Möglichkeit, schon früh für das Alter Geld zurückzulegen, ist die betriebliche Altersvorsorge. Sie können sich zum Beispiel beim Betriebsrat oder in der Personalabteilung erkundigen, welche Möglichkeiten bestehen, einen Teil des Gehalts beispielsweise in einen Pensionsfonds oder eine Direktversicherung einzuzahlen.

Betriebliche Altersvorsorge lohnt sich, weil die Sparer bei der Auszahlung auf einen Teil ihres Gehalts verzichten, der dann direkt für das Alter angelegt wird. Für diese Rücklage zahlen sie dann keine Steuern und keine Sozialabgaben.

Wenn Sie sich für die betriebliche Altersvorsorge entscheiden, hat das neben der Vorsorge noch einen weiteren Vorteil: Der Teil des Gehalts, der zum Beispiel in die betriebliche Altersvorsorge fließt, zählt nicht mit, wenn die Familienkasse ermittelt, ob die Eltern eines Auszubildenden noch Kindergeld bekommen können oder nicht. Wären die Einkünfte und Bezüge eigentlich zu hoch (oberhalb der entscheidenden Grenze von 8 004 Euro), ist es zum Beispiel möglich, kurzfristig noch einen Vorsorgevertrag abzuschließen: Dann ist das Geld sicher für das Alter angelegt und gleichzeitig hilft das Sparen, unter den Grenzwert zu rutschen, um sich die monatlich 184 Euro Kindergeld zu sichern.

Den Grenzwert von 8 004 Euro sollten Sie allerdings auch im Auge behalten, wenn Sie Vermögenswirksame Leistungen erhalten. Denn der Zuschuss vom Chef zählt zu den Einkünften und Bezügen dazu.

Erfolgreich weiterkommen

„Super, ich habe meine Abschlussprüfung bestanden, und jetzt ist erstmal Schluss mit Lernen." Das klingt bequem, reicht aber auf Dauer nicht aus, um beruflich voranzukommen. Ohne Weiterbildung sind die Aufstiegschancen in der Regel sehr begrenzt. Doch was ist der richtige Weg? Und wie lässt er sich finanzieren?

Für manche Auszubildende ist der Weg von vornherein klar: Die Ausbildung ist nur der erste Schritt, auf den ganz sicher noch das passende Studium folgen soll. Mehr zu den Finanzfragen rund ums Studium, zu BAföG und anderen Finanzierungsmöglichkeiten lesen Sie ab Seite 162.

Förderung nutzen

Womöglich ist Ihnen während der Ausbildung aber auch noch gar nicht klar, wie es danach weitergehen soll. Vielleicht haben Sie aber auch ein Ziel, doch Sie wissen nicht, wie Sie den nächsten Bildungsabschnitt finanzieren sollen.

Die gute Nachricht ist hier, dass sich die Förderungsmöglichkeiten für Fortbildungen in den letzten Jahren deutlich verbessert haben. Über den sogenannten Prämiengutschein, den das Bundesbildungsministerium vor einigen Jahren eingeführt hat, können Sie beispielsweise bis zu 500 Euro als Zuschuss für Fortbildungen bekommen, wenn Sie selbst auch einen Teil eines Kurs- oder Seminarbeitrags zahlen.

Und auch beim Meister-BAföG hat sich in den vergangenen Jahren einiges getan. Wer glaubt, Meister-BAföG bekommen nur diejenigen, die sich tatsächlich zum Industrie- oder Handwerksmeister fortbilden, liegt falsch. Auch viele andere Berufe können von dieser Unterstützung profitieren. Der Staat fördert zum Beispiel auch Weiterbildungen zum Fachkaufmann, Betriebsinformatiker oder Fachkrankenpfleger. Voraussetzung ist, dass Sie eine abgeschlossene Ausbildung haben und das Ziel der Fortbildung darüber hinausgeht. Die Förderung gibt es für Voll- und Teilzeitkurse mit mindestens 400 Unterrichtsstunden.

 Meister-BAföG
Ausführliche Informationen über die Förderung und die notwendigen Voraussetzungen finden Sie im Internet unter www.meister-bafoeg.info.

Für Auszubildende und diejenigen, die sich nach der Prüfung weiterbilden wollen, lohnt es sich außerdem, sich nach weiteren Förderprogrammen zu erkundigen. Eine Adresse ist zum Beispiel die „Stiftung Begabtenförderung berufliche Bildung". Sie koordiniert im Auftrag des Bundesbildungsministeriums die Vergabe von Stipendien für die Weiterbildung. Besondere Förderung gibt es zum Beispiel für Ausgelernte unter 25 Jahren, die eine fachbezogene Weiterbildung machen wollen oder auch ein berufsbegleitendes Studium anstreben.

Unabhängig vom Alter vergibt die Stiftung außerdem Aufstiegsstipendien für Ausgelernte, die sich für ein Studium entscheiden. Wer seine Abschlussprüfung mit mindestens 1,9 bestanden hat und zwei Jahre im Beruf stand, kann zum Beispiel für ein Vollzeitstudium 650 Euro im Monat plus 80 Euro Büchergeld bekommen.

> **@ Stipendien**
>
> Weitere Informationen über die diversen Stipendienprogramme finden Sie im Internet unter www.sbb-stipendien.de sowie www.aufstieg-durch-bildung.de.
>
> Außerdem bietet die Bundesregierung diverse Förderungen für Weiterbildung an. Mehr dazu unter www.bildungspraemie.info.

Fazit: Informieren Sie sich frühzeitig über Förderungen für die Weiterbildung. Dann wissen Sie unter anderem, welche Voraussetzungen Sie erfüllen müssen und können sich darauf einstellen.

Von Anfang an zweigleisig: Duales Studium

Erst Ausbildung, dann weiterlernen an der Uni oder Fachhochschule. Diese klare Trennung muss nicht sein, denn mittlerweile existieren unzählige Angebote, Berufspraxis im Betrieb und Hochschulausbildung gleich miteinander zu verknüpfen: Duales Studium heißt die Lösung.

Ein einheitliches Muster für solche verzahnten Ausbildungsprogramme gibt es nicht – und damit lässt sich leider auch nicht generell sagen, welche Regeln für die Beiträge für Kranken- und Pflegeversicherung, für Arbeitslosen- und Rentenversicherung gelten. Die Spitzenverbände der Sozialversicherungen unterscheiden bei dualen Studiengängen unter anderem diese Programme, die versicherungsrechtlich unterschiedlich bewertet werden:

Ausbildungsintegrierte duale Studiengänge: Kombiniert werden Studium und die berufliche Erstausbildung in einem anerkannten Ausbildungsberuf. Studium und Ausbildung werden inhaltlich und zeitlich miteinander verzahnt. Am Ende stehen der Abschluss der Ausbildung und des Studiums nebeneinander da. In der Regel schließen Sie einen Ausbildungsvertrag mit einem Unternehmen ab, das Studium absolvieren Sie an einer Fachhochschule oder Berufsakademie.

Ihre Position als Versicherter: Sie gelten als zur Berufsausbildung Beschäftigter und müssen wie andere Auszubildende im Betrieb auch Beiträge zur Sozialversicherung leisten. Ihr Arbeitgeber zahlt ebenfalls.

Berufsintegrierte und berufsbegleitende Studiengänge: Sie sind auf die berufliche Weiterbildung ausgerichtet und wenden sich an Studieninteressierte, die bereits eine abgeschlossene Berufsausbildung haben. In der Regel besteht das Beschäftigungsverhältnis mit Ihrem Arbeitgeber fort – wenn auch beispielsweise mit reduzierter Arbeitszeit. In einer solchen Konstellation sind Sie in der Regel als angestellt Beschäftigte versicherungspflichtig in den einzelnen Zweigen der Sozialversicherung.

Praxisintegrierte duale Studiengänge: Das Studium wird mit einer Tätigkeit im Betrieb derart verbunden, dass die Praxis inhaltlich und zeitlich mit der theoretischen Ausbildung verknüpft ist. Zum Beispiel absolvieren Sie mehrere Praxisphasen im Betrieb, sodass Sie einen Teil der für den Hochschulabschluss notwendigen Kenntnisse nur dort erwerben können. Je nach Studienmodell bewerben Sie sich entweder direkt an der Hochschule oder Berufsakademie für einen solchen Studiengang, sodass Sie dann an einen Kooperationsbetrieb vermittelt werden. Oder Sie bewerben sich direkt bei einem Unternehmen, das mit der Hochschule kooperiert.

Teilnehmer an einem solchen Studiengang sind nicht als zur Berufsausbildung in einem Betrieb Beschäftigte anzusehen und auch nicht als angestellt Beschäftigte. Selbst wenn Sie von dem Betrieb, für den Sie in den Praxisphasen tätig sind, etwa ein Stipendium oder eine Praktikumsvergütung erhalten, sind Sie im Regelfall nicht verpflichtet, wie Angestellte Beiträge an die Sozialversicherung zu zahlen. Für Sie gelten die Versicherungsregeln wie für Studenten. Wenn Sie allerdings schon vor Aufnahme des Studiums für Ihren „Praxis-Betrieb" tätig waren und dies auch bleiben, kann es sein, dass Sie doch weiter als angestellt Beschäftigter dieses Unternehmens eingestuft werden.

Die Einordnung, was bei welchem Programm auf Sie zukommt, ist nicht leicht. Wenn Sie unsicher sind und vor der Bewerbung genau Bescheid wissen wollen, sollten Sie bei Ihrer Krankenkasse nachfragen, was in welchem Programm auf Sie zukommen könnte.

Ab an die Uni:
Das gilt im Studium

Bevor es richtig losgeht

Biologie oder Kommunikationswissenschaften? Medizin oder doch Jura? Wenn Sie die Entscheidung für Ihr Studienfach getroffen haben und die Zusage für eine Hochschule in der Post war, geht es los mit der Organisation. Bis zum Studienbeginn sollten Sie sich unter anderem um folgende Themen kümmern:

Finanzierung

Wie können Sie sich das Studium leisten? Klären Sie mit Ihrer Familie, welche finanzielle Unterstützung Sie bekommen können. Prüfen Sie, ob sich zum Beispiel ein BAföG-Antrag für Sie lohnt und stellen Sie den Antrag früh genug. Gerade zu Semesterbeginn kann es einige Zeit dauern, bis der Antrag bearbeitet ist. Außerdem müssen Sie immer damit rechnen, dass vom BAföG-Amt Rückfragen kommen, die dann zusätzlich Zeit kosten.

Als weitere Finanzierungsmöglichkeiten kommen eigene Jobs, Stipendien oder eventuell ein Studienkredit infrage. Auch hier gilt: Beginnen Sie früh genug mit den Vorbereitungen, damit Sie zum Beispiel Zeit haben, die Angebote für Kredite zu vergleichen und Bewerbungsfristen für Stipendien nicht verpassen.

Kindergeld

Damit Ihre Eltern weiterhin Anspruch auf Kindergeld für Sie haben, muss die Familienkasse über Ihr Studium Bescheid wissen. Geben Sie Ihren Eltern eine Studienbescheinigung, die Sie von der Hochschule bekommen haben, damit diese an die Familienkasse geschickt wird.

Wohnung

Wollen oder müssen Sie für Ihr Studium umziehen? Wenn ja, überlegen Sie sich, was für Sie infrage kommt. Beginnen Sie nicht zu spät mit der Suche (mehr dazu ab Seite 90). Wenn

Sie eine Bleibe gefunden haben, kümmern Sie sich um die Einrichtung und organisieren Sie sich Helfer, die Ihnen beim Umzug helfen. Erkundigen Sie sich auch nach Transporter-Preisangeboten und kümmern Sie sich um einen Fahrer des Umzugswagens.

Krankenversicherung

Die Krankenversicherung ist Pflicht für Studenten. Für die meisten von Ihnen bleibt es bei der gesetzlichen Absicherung. Hier gibt es zunächst zwei Varianten:

Familienversicherung. Wenn Ihr Einkommen regelmäßig nicht mehr als derzeit 365 Euro im Monat beträgt oder Sie in einem Minijob nicht mehr als 400 Euro verdienen, können Sie wie vorher als Schüler kostenlos über die gesetzliche Familienversicherung eines Elternteils versichert bleiben. Diese Familienversicherung ist bis zu Ihrem 25. Geburtstag möglich. Wenn Sie zwischenzeitlich noch Wehr- oder Zivildienst geleistet haben, verlängert sich die mögliche Mitgliedschaft um diese Phase. Sobald Ihr Einkommen aber höher ist, verlangt die Krankenkasse einen eigenen Beitrag von Ihnen. Die Höhe des erlaubten Einkommens wird jedes Jahr ermittelt. Ihr Einkommen darf nicht höher sein als 1/7 der sogenannten monatlichen Bezugsgröße (2011: 2 555 Euro). Für die Semesterferien gelten besondere Regeln.

Fazit: Die kostenlose Mitversicherung über die Kasse der Eltern ist sehr wertvoll. Deshalb sollten Sie genau rechnen, was Sie wann verdienen. Wenn Sie nur Ihren Minijob haben und sonst nichts verdienen, ist alles in Ordnung. Wenn Sie aber zum Beispiel Kapital- oder Mieteinkünfte haben, sollten Sie aufpassen, dass Sie aus allen Posten zusammen nicht auf über 365 Euro im Monat kommen.

Gesetzliche Krankenversicherung der Studenten. Sobald Sie die Einkommensgrenzen für die Familienversicherung überschreiten oder älter als 25 Jahre sind, kommt für Sie die studentische Krankenversicherung infrage. Der Beitrag ist zum Sommersemester 2011 noch einmal kräftig erhöht worden und liegt seither bei 64,77 Euro. Hinzu kommt noch der Beitrag zur gesetzlichen Pflegeversicherung. Dieser beträgt derzeit 13,13 Euro für kinderlose Studenten über 23 Jahre und 11,64 Euro für alle anderen. Diesen Betrag zahlen Sie bei jeder Krankenkasse und unabhängig davon, welches Einkommen Sie neben dem Studium haben, vorausgesetzt Sie arbeiten in der Regel nicht mehr als 20 Stunden die Woche.

In der günstigen studentischen Krankenversicherung können Sie im Regelfall bis zum Ende des 14. Fachsemesters und maximal bis zum 30. Geburtstag bleiben. In bestimmten Ausnahmesituationen – zum Beispiel, wenn Sie zwischenzeitlich durch Krankheit oder Kindererziehung mehrere Semester „verloren" haben – ist eine Verlängerung möglich. Ansonsten wird der gesetzliche Versicherungsschutz gleich deutlich teurer.

Freiwillige Mitgliedschaft. Nach Ablauf der studentischen Versicherung können Sie sich als freiwilliges Mitglied in der Kasse versichern. Dann ermittelt die Krankenkasse anhand Ihres Einkommens, welchen Beitrag Sie zahlen müssen. Dabei setzt sie aber voraus, dass Sie mindestens ein Einkommen von derzeit 851,67 Euro im Monat haben. Selbst wenn Sie nur 500 Euro monatlich verdienen. Daraus ergibt sich, dass Sie von den 500 Euro womöglich knapp 127 Euro für die Krankenversicherung und knapp 19 Euro für die Pflegeversicherung zahlen müssen. Nur wenn Sie sich bei Ablauf der studentischen Krankenversicherung bereits zum Examen angemeldet haben, geht es noch etwas günstiger: Dann profitieren Sie sechs Monate lang von einer Übergangsphase und zahlen einen Beitrag von 92,41 Euro für die Krankenkasse und 18,74 Euro für die Pflegekasse, wenn Sie keine Kinder haben, 16,61 Euro wenn Sie Kinder haben.

Private Versicherung. Als Student haben Sie auch die Möglichkeit, privaten Krankenversicherungsschutz abzuschließen.

Wenn Sie bisher über Ihre Eltern bei einem privaten Versicherer waren, können Sie dort also auch als Student bleiben. Finanziell kann das für Sie interessant sein, wenn Ihre Eltern als Beamte Anspruch auf eine Beihilfe ihres Dienstherren haben, sodass sie für sich selbst und auch für Sie nur noch eine Teilabsicherung benötigen und keine private Krankenvollversicherung.

Die Beihilfe gilt dann auch für Sie während Ihres Studiums. Allerdings besteht der Anspruch nur so lange, wie Ihre Eltern auch Anspruch auf Kindergeld haben. Bedeutet: Spätestens mit dem 25. Geburtstag fließt die Beihilfe nicht mehr. Womöglich endet sie auch schon früher, wenn Sie mit Nebenjobs so viel verdienen, dass Ihre Einkünfte und Bezüge zu hoch werden und das Kindergeld wegfällt. Sobald die Beihilfe nicht mehr da ist, wird die private Absicherung in der Regel teurer sein als der gesetzliche Schutz.

Zu Studienbeginn müssen Sie sich überlegen, ob Sie bei der privaten Versicherung bleiben wollen. Wenn das so ist, müssen Sie innerhalb von drei Monaten nach Studienbeginn den Antrag stellen, dass Sie von der gesetzlichen Versicherungspflicht befreit werden.

Aber Achtung: Wenn Sie einmal den Antrag auf Befreiung gestellt haben, sind Sie während Ihres gesamten Studiums an den privaten Versicherungsschutz gebunden. Selbst wenn der Schutz im Laufe der Jahre teurer wird, können Sie nicht in die gesetzliche Krankenversicherung zurück.

Andere Versicherungen

Verschaffen Sie sich außerdem einen Überblick, welchen Versicherungsschutz Sie noch haben und was Sie womöglich zusätzlich benötigen. Teilen Sie zum Beispiel dem Haftpflichtversicherer Ihrer Eltern mit, dass Sie mit dem Studium beginnen, und fragen Sie ihn, wie lange der Schutz der Familienversicherung für Sie gilt.

Jobben/Praktikum

Wenn Sie in der Zeit bis zum Studienbeginn oder während des Studiums jobben wollen, besorgen Sie sich eine Ersatzbescheinigung vom Finanzamt, die die frühere Lohnsteuerkarte ersetzt. Wenn Sie 2010 bereits eine Lohnsteuerkarte bekommen haben, gilt diese auch noch für 2011.

Wenn Sie bis Studienbeginn noch ein freiwilliges Praktikum absolvieren, gelten dafür in der Regel dieselben Regelungen wie für einen Nebenjob auch. Handelt es sich jedoch um ein Pflichtpraktikum, gelten besondere Voraussetzungen hinsichtlich der Sozialversicherung (⇢ ausführlich Seite 171).

Das Studium finanzieren

Ein Student in Deutschland hat im Schnitt 812 Euro im Monat zur Verfügung. 87 Prozent von den Studierenden werden von ihren Eltern finanziell unterstützt, 65 Prozent jobben neben dem Studium, im Schnitt 13,5 Stunden in der Woche. 32,9 Prozent der Studierenden in den ersten sechs Semestern erhalten BAföG. Diese Ergebnisse brachte 2010 die 19. Sozialerhebung des Deutschen Studentenwerks hervor. Danach nutzen nur 5 Prozent der Befragten einen Kredit zur Studienfinanzierung, und nur 3 Prozent profitieren von einem Stipendium.

Die im Schnitt 812 Euro müssen für alles reichen – angefangen bei der Miete und den Kosten für das Studieren an sich bis hin zu alltäglichen Dingen wie Internet, Nudeln und Zahnpasta. Die meisten Studenten kommen aus mit dem Geld, was ihnen monatlich zur Verfügung steht. Aber nicht alle: Nach den Befragungsergebnissen des Studentenwerks gaben etwa 23 Prozent der Studierenden an, dass sie ihre Ausgaben nicht über ihre regelmäßigen Einnahmen decken können. Damit Sie nicht zu dieser Gruppe gehören, sollten Sie sich wenn möglich von Anfang an ein klares Bild zu Ihren Einnahmen und Ausgaben machen (⇢ auch Seite 20).

Geld der Eltern

Wichtigste Einnahme für den Großteil der Studierenden ist der monatliche Zuschuss durch die Eltern. Sie sind verpflichtet, für Sie Unterhalt zu leisten, solange Sie Ihre Ausbildung noch nicht abgeschlossen haben (··> mehr auf Seite 24).
Im Schnitt zahlen die Eltern den Studierenden 445 Euro im Monat. Allein diese Summe dürfte schwerlich reichen, den gesamten Lebensunterhalt als Student zu bestreiten. Deshalb kombinieren zwei Drittel der Studierenden mehrere Einnahmen, zum Beispiel Elternzuschuss und BAföG oder Elternzuschuss und Nebenjobs oder gleich alle drei.

Nebenjobs

Die unterschiedlichen Formen von Jobs haben wir ab Seite 31 bereits ausführlich genannt. Wenn Sie neben dem Studium arbeiten, gelten einige Besonderheiten, die zum Beispiel für Auszubildende im Betrieb nicht gelten. Auf die wichtigsten Regeln für Studentenjobs wollen wir im Folgenden eingehen. Zusätzlich zeigen die Fallbeispiele auf den folgenden Seiten, was an Sozialabgaben auf Sie für unterschiedliche Nebenjobs und Praktika auf Sie zukommt.

Arbeitszeit. Wenn Sie kostenlos über Ihre Eltern in einer gesetzlichen Krankenkasse versichert oder in der studentischen Krankenversicherung sind, dürfen Sie in der Vorlesungszeit in aller Regel nicht mehr als 20 Stunden pro Woche arbeiten. Sonst verlieren Sie den günstigen Versichertenstatus als Student.

Verdienst. Solange Sie kostenlos über die Krankenkasse Ihrer Eltern gesetzlich versichert sind, darf Ihr gesamtes Einkommen derzeit (Stand 2011) bei höchstens 365 Euro im Monat liegen. Nur wenn Sie einem Minijob nachgehen und keine weiteren Einnahmen haben, ist ein regelmäßiger

Verdienst von 400 Euro im Monat gestattet. In den Semesterferien ist allerdings ein höherer Verdienst erlaubt. Verdienen Sie regelmäßig mehr, müssen Sie in die studentische Krankenversicherung wechseln.

Semesterferien. Nutzen Sie die vorlesungsfreie Zeit zum Arbeiten, dürfen Sie auch mehr als 20 Stunden arbeiten und mehr als 400 Euro verdienen, ohne dass dafür Beiträge zur Kranken-, Pflege- und Arbeitslosenversicherung fällig werden. Ist Ihre Tätigkeit von vornherein auf 50 Arbeitstage im Jahr begrenzt (kurzfristige Beschäftigung), fallen für Ihren Verdienst auch keine Beiträge zur gesetzlichen Rentenversicherung an.

Ein Beispiel: Sportstudentin Julia arbeitet in den Semesterferien nach ihrem ersten Jahr an der Uni im August und September als Bademeisterin im Freibad ihrer Heimatstadt. Sie verdient 600 Euro im Monat. Der Job ist von vornherein auf zwei Monate begrenzt und fällt in die Semesterferien. Auch wenn sie in den Semesterferien mehr als 20 Stunden in der Woche arbeitet, kann sie kostenfrei über die Krankenkasse ihrer Eltern versichert bleiben und muss keine weiteren Beiträge zur Pflege- und Arbeitslosenversicherung leisten. Auch in der Rentenversicherung fallen keine Beitragszahlungen an, da der Job auf zwei Monate befristet ist.

Geringfügige Beschäftigung. Wenn Sie regelmäßig, also auch **in der Vorlesungszeit** bis zu 400 Euro im Monat verdienen, kann Ihr Arbeitgeber pauschal Lohnsteuer sowie Beiträge zur Kranken- und Rentenversicherung für Sie zahlen. Eine Steuerkarte benötigen Sie für diesen Job nicht unbedingt, doch möglich ist auch, dass Ihr Arbeitgeber nach den persönlichen Steuermerkmalen abrechnen will. Das funktioniert nur über die Steuerkarte beziehungsweise 2011 über eine Ersatzbescheinigung vom Finanzamt. Die 400 Euro sind ein Durchschnittswert. Hierzu zählen allerdings auch Zahlungen wie Weihnachts- und Urlaubsgeld.

Liegt Ihr Einkommen regelmäßig zwischen 400 und 800 Euro im Monat, wird es komplizierter. Sie benötigen auf jeden Fall eine Steuerkarte. Wenn Sie **während der Vorlesungszeit** unter den 20 Arbeitsstunden pro Woche bleiben, zahlen Sie zwar nichts extra zur Kranken-, Pflege- und Arbeitslosenversicherung. Allerdings werden Beiträge zur Rentenversicherung fällig. Während der Arbeitgeber die Hälfte des üblichen Beitragssatzes zahlt, müssen Sie als Arbeitnehmer nur einen reduzierten Beitrag leisten. Bei einem Monatseinkommen von 600 Euro würden zum Beispiel 49,50 Euro für die Rentenversicherung fällig. Wenn Sie mehrere Jobs haben und insgesamt in diesem Bereich verdienen, müssen die jeweiligen Arbeitgeber von den übrigen Einkünften wissen, damit Sie die Beiträge in passender Höhe zahlen können.

Praktikum. Wenn Sie ein Praktikum absolvieren, ist für die Sozialversicherungspflicht entscheidend, ob es sich um ein freiwilliges Praktikum handelt oder um ein Praktikum, das in der Studienordnung vorgeschrieben ist. Bei einem freiwilligen Praktikum gelten in der Regel die Bedingungen, die auch für andere Jobs neben der Uni gelten. So bleibt zum Beispiel der Praktikumsverdienst vollkommen sozialabgabenfrei, wenn Sie das freiwillige Praktikum in den Semesterferien absolvieren und es höchstens zwei Monate dauert.

Anders ist die Situation zum Beispiel bei einem Pflichtpraktikum. Hier ist es kein Problem, wenn Sie als eingeschriebener Student Ihr Pflichtpraktikum während des Semesters machen und dabei 40 Stunden in der Woche arbeiten. Sie

> ✖ **Sich wehren**
>
> Wenn das Praktikum nicht so läuft wie erhofft, oder wenn Sie das Gefühl haben, die Arbeit einer vollwertigen Arbeitskraft zu ersetzen, wehren Sie sich. Wenn ein Gespräch mit Ihrem für Sie zuständigen Betriebskollegen nichts bringt, sprechen Sie zum Beispiel mit dem Betriebsrat. Informieren können Sie sich auch über die Seite der DGB-Jugend: www.students-at-work.de

verlieren bei der Sozialversicherung Ihren günstigen Status als Student dann nicht, auch wenn das Praktikum über die Semesterferien hinausgeht.

Grundsätzlich gilt, dass Sie auch als Praktikant Ihre Rechte haben und sich nicht alles gefallen lassen sollten. Das Bundesarbeitsgericht hat klargestellt, dass ein Praktikant in aller Regel vorübergehend in einem Betrieb praktisch tätig ist, um sich die zur Vorbereitung auf einen meist akademischen Beruf notwendigen praktischen Kenntnisse und Erfahrungen anzueignen. (Az. 6 AZR, 564/01). Demnach muss bei einem Praktikum also anders als bei einem Arbeitsverhältnis der Ausbildungszweck im Vordergrund stehen. Allerdings findet während eines Praktikums keine systematische Berufsausbildung statt, so das Bundesarbeitsgericht. Somit ist es nicht immer einfach, zu entscheiden, was in einem Praktikum erlaubt ist und was Sie sich nicht gefallen lassen müssen.

Um spätere Enttäuschung über ein schlechtes Gehalt für zu viel Arbeit oder zu wenig Lernerfahrung zu vermeiden, sollten Sie mit Ihrem Praktikumsbetrieb vertraglich festhalten, was das Praktikum beinhaltet. Dann können Sie neben Beginn und Dauer des Praktikums zum Beispiel festhalten, in welche Abteilung Sie hineinschnuppern wollen, welche Aufgaben Sie dort erlernen und erledigen, wie diese Arbeit vergütet wird und welche Arbeitszeiten für Sie gelten. Wenn Sie ein freiwilliges Praktikum absolvieren, haben Sie außerdem Rechte wie andere Arbeitnehmer auch, zum Beispiel Anspruch auf Urlaub oder Lohnfortzahlung im Krankheitsfall.

Mit dem Finanzamt rechnen

Für viele Studentenjobs fallen keinerlei Sozialabgaben an. Auch Steuern werden viele von Ihnen nicht zahlen müssen – und wenn der Chef doch im Laufe des Jahres Lohnsteuer von Ihrem Gehalt abzieht, können Sie sich dieses Geld fast

Praktikum und Sozialabgaben

Christian studiert Wirtschaftsinformatik und macht vom 20. Juli bis 10. Oktober ein freiwilliges Praktikum in der Controlling-Abteilung eines Versicherungskonzerns. Er verdient 700 Euro im Monat. Er ist in der studentischen Krankenversicherung.

Da der Job komplett in die Semesterferien fällt, werden für Christian keine zusätzlichen Beiträge zur Kranken-, Pflege- und Arbeitslosenversicherung fällig. Für die Rentenversicherung müssen er und sein Arbeitgeber allerdings Beiträge zahlen, wenn er auf mehr als 50 Arbeitstage kommt. Christians Arbeitgeber zahlt den normalen Beitragsanteil von 9,95 Prozent – das macht 69,65 Euro. Christian profitiert von der Gleitzone und zahlt 64,55 Euro im Monat.

Geographie-Studentin Marie jobbt regelmäßig in einem Café und verdient jeden Monat im Schnitt 300 Euro. Zusätzlich macht sie im August/September noch ein freiwilliges Praktikum bei einem großen Reiseveranstalter. Dabei verdient sie 500 Euro im Monat zusätzlich.

Mit den regelmäßig 300 Euro bleibt Marie unter der Geringfügigkeitsgrenze. Sie kann weiterhin über ihre Eltern in der kostenlosen Familienversicherung bleiben. Sollte Sie dafür schon zu alt sein, zahlt sie Beiträge zur studentischen Krankenversicherung, aber sonst keine Sozialversicherungsbeiträge. Auch das Praktikum im Sommer hat keinerlei Auswirkungen, denn es fällt in die Semesterferien. Damit fallen keine zusätzlichen Beiträge zur Kranken-, Pflege- und Arbeitslosenversicherung an. Auch für die Rentenkasse muss sie nichts zahlen.

Würde das Praktikum länger als zwei Monate dauern, müssten Marie und ihr Arbeitgeber Beiträge zur Rentenversicherung leisten.

Aufpassen müsste die Studentin dann außerdem, ob das Praktikum auch in die Zeit vor oder nach den Semesterferien hineinragt. Denn als Studentin darf sie während der Vorlesungszeit im Normalfall nicht mehr als 20 Stunden in der Woche arbeiten.

In Sabines Studium ist ein **Halbjahrespraktikum im Krankenhaus** vorgeschrieben. Da sie zunächst keinen Studienplatz findet, nutzt sie die Zeit bis zum nächsten Sommersemester. Sie macht ein Praktikum und verdient dabei 450 Euro im Monat.

Für diesen Verdienst werden Beiträge zur Kranken- und Pflegeversicherung, zur Arbeitslosen- und zur Rentenversicherung fällig. Für ein solches Vorpraktikum gelten andere Regeln als für ein Praktikum im Rahmen des Studiums. Sabine zahlt für den Verdienst von 450 Euro 9,95 Prozent ihres Einkommens an die Rentenversicherung (44,78 Euro), 8,2 Prozent an die Krankenkasse (36,90 Euro), 1,95 Prozent an die Pflegeversicherung (8,78 Euro) und 1,5 Prozent (6,75 Euro) an die Arbeitslosenversicherung. Sie zahlt diese vollen Beitragssätze, obwohl Sie zwischen 400 und 800 Euro im Monat verdient. Aber bei diesen Vorpraktika gelten wie auch bei Auszubildenden in einem Unternehmen nicht die Vorteile der Gleitzone. Von den 450 Euro bleiben somit nur rund 350 Euro im Monat übrig.

Würde Sabine für dieses Praktikum gar kein Geld bekommen, könnte sie in der Krankenversicherung über ihre Eltern versichert bleiben. Sobald sie etwas verdient, muss sie selbst Mitglied einer Krankenkasse werden. Läge der Verdienst allerdings höchstens bei 325 Euro, müsste der Praktikumsbetrieb die vollen Zahlungen für die Sozialversicherung übernehmen.

immer über die Steuererklärung am Jahresende zurückholen. Der Grund ist ganz einfach: Jeder Bürger – also auch jeder Student – darf ein zu versteuerndes Einkommen von bis zu 8 004 Euro im Jahr haben, ohne dass dafür Steuern fällig werden. Umgerechnet heißt das, dass Sie als Student sogar regelmäßig über 900 Euro brutto im Monat verdienen dürften, und trotzdem ginge das Finanzamt leer aus, wenn Sie am Jahresende eine Steuererklärung machen.

Werbungskosten. Für jeden Arbeitnehmer, der 2011 mehr als 1000 Euro Werbungskosten hat, rechnet es sich auf jeden Fall, die Steuererklärung abzugeben. Werbungskosten sind zum Beispiel Ausgaben für den Weg zur Arbeit, für Arbeitskleidung und Arbeitsmittel oder auch Gewerkschaftsbeiträge. Selbst wenn Sie weniger für diese Dinge ausgegeben haben, gilt für Sie die Pauschale von 1 000 Euro. Offen ist derzeit noch, ob Sie auch sämtliche Ausgaben für Ihr erstes Studium unbegrenzt als Werbungskosten absetzen können. Hier stehen entscheidende Gerichtsurteile noch aus.

Sonderausgaben. Dazu zählen zum Beispiel Spenden und Kirchensteuer. Selbst wenn Sie nichts dergleichen nachweisen, rechnet das Finanzamt hier dann pauschal mit 36 Euro. Dabei muss es aber nicht bleiben: Sie können nach derzeitigem Recht auch Ausgaben für Ihr Studium – also vom Semesterbeitrag bis zu den Kopierkosten – bis zu 4 000 Euro im Jahr geltend machen.

Versicherungen. Beiträge zur Sozialversicherung und andere Versicherungsbeiträge machen sich in der Steuererklärung ebenfalls bezahlt. Das Finanzamt ermittelt individuell anhand Ihres Einkommens, was für Sie zu berücksichtigen ist.

All das sorgt dafür, dass Sie selbst bei einem Bruttolohn von zum Beispiel 900 Euro im Monat oder 10 800 Euro im Jahr mit Ihrem zu versteuernden Einkommen letztlich unter den Wert von 8 004 Euro rutschen. Wenn Sie unter diesem sogenannten Grundfreibetrag bleiben, muss das Finanzamt Ihnen die gesamte Lohnsteuer, die Ihr Arbeitgeber womöglich im Laufe des Jahres für Sie gezahlt hat, zurückerstatten.

Bestimmte Jobs zählen bei dieser Berechnung des Finanzamts von vornherein gar nicht mit: Sind Sie zum Beispiel ehrenamtlich in einem Jugendclub tätig oder trainieren Sie eine Kinderfußballmannschaft, können Sie ein Honorar von bis zu 2100 Euro im Jahr auf jeden Fall steuerfrei kassieren.

BAföG

Ein bisschen bergauf ging es im vergangenen Jahr bei der BAföG-Förderung. Die Sätze wurden zum 1. Oktober 2010 erhöht. War bis dahin eine maximale Förderung von 648 Euro möglich, sind es heute 670 Euro. Der Betrag setzt sich zusammen aus dem Regelbedarf von 597 Euro für Studierende an einer Hochschule in Deutschland, einem anderen EU-Land oder der Schweiz für Studierende, die nicht mehr bei den Eltern wohnen, sowie Zuschüssen zur gesetzlichen Kranken- und Pflegeversicherung, wenn Sie eine eigene Krankenversicherung benötigen.

So hoch sind die Bedarfssätze (alle Angaben in Euro)

Bedarfssatz für Studierende	... die nicht mehr bei den Eltern leben	... die bei den Eltern leben
Regelbedarf		
Grundbedarf	373	373
Bedarf für die Unterkunft	224	49
Zusätzlich bei eigener Kranken- und Pflegeversicherung		
Zuschlag zur Krankenversicherung	62	62
Zuschlag zur Pflegeversicherung	11	11
Maximalförderung	**670**	**495**

Quelle: Deutsches Studentenwerk, Stand April 2011

> **✗ Probieren**
>
> Das Deutsche Studentenwerk weist auf seiner Homepage (www.studentenwerke.de) darauf hin, dass wesentlich mehr Studierende eine BAföG-Förderung erhalten könnten als diejenigen, die zurzeit einen Antrag stellen. Auch wenn der Antrag mit seinen Formblättern einige Zeit kostet: Probieren Sie es aus. Wenn Sie mit den Einkommensteuerbescheiden Ihrer Eltern oder des Ehegatten aus dem vorletzten Kalenderjahr beim Amt für Ausbildungsförderung vorbeigehen, können Sie sich unverbindlich ausrechnen lassen, welcher Förderbetrag Ihnen voraussichtlich zustehen könnte.

Den Antrag auf Leistungen nach dem Bundesausbildungsförderungsgesetz stellen Sie als Studierender schriftlich beim Amt für Ausbildungsförderung des für Sie zuständigen Studentenwerks. Dort finden Sie auch die jeweiligen Formblätter, die Sie für Ihren Antrag einreichen müssen. Ob Sie die Höchstsumme ausgezahlt bekommen oder zumindest einen Teil davon, hängt von Ihrem eigenen Einkommen und Vermögen ab sowie vom Einkommen der Eltern oder des Ehe- oder Lebenspartners. Damit letztlich Ihr persönlicher Förderbedarf ermittelt werden kann, müssen Sie mit Ihrem Antrag zum Beispiel auch den Steuerbescheid Ihrer Eltern oder Ihres Ehepartners einreichen. Auf Ihr eigenes Einkommen und das der Eltern werden verschiedene Freibeträge angerechnet. Auch diese Beträge wurden im Zuge der jüngsten Gesetzesreform etwas erhöht.

> **i BAföG-Antrag**
>
> Allein die Aufzählung der auszufüllenden Formblätter verbreitet bei manch einem Angst und Schrecken. Wenn Sie Schwierigkeiten mit dem Ausfüllen haben, zögern Sie nicht und holen Sie sich Hilfe bei der Beratungsstelle in Ihrem Amt für Ausbildungsförderung. Hier können Sie auch andere Fragen stellen, zum Beispiel zu Sonderregelungen bei zwischenzeitlicher Krankheit oder einer Auszeit wegen Kindererziehung. Beim Amt erhalten Sie auch die Antragsformulare, oder Sie können Sie sich unter www.bafoeg.bmbf.de oder www.das-neue-bafoeg.de herunterladen.

Formblätter

Bezeichnung	einzureichen
Formblatt 1: Antrag auf Ausbildungsförderung	Immer
Anlage 1 zum Formblatt 1: Schulischer und beruflicher Werdegang	Bei Erstantrag, nach Unterbrechung einer Ausbildung oder bei einem Antrag auf Förderung eines Ausbildungsaufenthalts im Ausland
Anlage 2 zum Formblatt 1: Kinder	Sofern Sie Kinder haben und einen Kinderbetreuungszuschlag beantragen möchten
Formblatt 2: Bescheinigung über den Besuch einer Ausbildungsstätte, die Teilnahme an einem Praktikum	Immer (durch den Faltbogen [Leporello] mit Immatrikulationsbescheinigung der Hochschule ersetzbar)
Formblatt 3: Einkommenserklärung des Ehepartners und/oder der Eltern	Immer (Ausnahme: elternunabhängige Förderung)
Formblatt 4: Zusatzblatt für Ausländer	Bei Erstantrag (nur nach ausdrücklicher Anforderung auszufüllen und vorzulegen)
Formblatt 5: Leistungsnachweis	Grundsätzlich ab dem fünften Fachsemester (teilweise schon ab dem 3. FS)
Formblatt 6: Antrag auf Ausbildungsförderung im Ausland	Im Fall eines Studiums oder Praktikums im Ausland
Formblatt 7: Aktualisierungsantrag bei Einkommensänderungen	Nach Bedarf
Formblatt 8: Antrag auf Vorausleistung	Nach Bedarf

Quelle: Bundesministerium für Bildung und Forschung, www.das-neue-bafoeg.de

Die Regeln für die Förderung

Anspruch auf die BAföG-Förderung haben Sie als deutscher Student oder Praktikant, wenn Sie zu Beginn der Ausbildung noch keine 30 Jahre alt sind. Nur unter bestimmten Voraussetzungen, zum Beispiel aufgrund einer Krankheit oder Kindererziehung, können Sie auch bei späterem Ausbildungsbeginn noch gefördert werden. Unter bestimmten Voraussetzungen können auch ausländische Studierende und Schüler die Förderung bekommen. Außerdem gelten unter anderem folgende Regeln:

- Den Förderantrag stellen Sie immer für ein Jahr (⇢ Tipp Seite 177).
- Wenn Sie auf das Jahr gerechnet durchschnittlich nicht mehr als rund 400 Euro im Monat verdienen, ändert sich an der für das jeweilige Jahr bewilligten BAföG-Leistung nichts. Bei höherem Einkommen wird das BAföG allerdings gekürzt. Wenn Sie ein nicht steuerpflichtiges Stipendium bekommen, das begabungs- und leistungsabhängig ist, wird es in der Höhe von bis zu 300 Euro nicht auf das BAföG angerechnet.
- Sie können die Förderung im Normalfall bis zum Ende der Regelstudienzeit erhalten, in Ausnahmefällen auch länger. Nach dem vierten Semester oder der Zwischenprüfung müssen Sie dem Amt für Ausbildungsförderung allerdings einen Leistungsnachweis vorlegen. Wenn Sie ein Bachelor-Studium absolvieren und einen Master anhängen, können Sie auch für diesen zweiten Ausbildungsabschnitt noch die Unterstützung bekommen. Auch Ausbildungen auf dem zweiten Bildungsweg können finanziell gefördert werden.
- Selbst wenn Sie einmal Ihr Studienfach wechseln, können Sie weiterhin BAföG bekommen. Allerdings muss für den Wechsel ein gewichtiger Grund vorliegen, und er darf nicht mehr nach dem vierten Studiensemester erfolgen.
- Die Förderung können Sie auch für einen Auslandsaufenthalt beantragen, zum Beispiel, wenn Sie ein Semester in Kanada studieren wollen oder ein Praktikum in Argentinien absolvieren. Wer jetzt gehofft hat, dass das in Deutschland gezahlte BAföG in dieser Zeit einfach weiterläuft, hat leider den bürokratischen Aufwand unterschätzt. Denn hierfür müssen Sie separate Formulare ausfüllen, und dafür sind andere Ämter für Ausbildungsförderung zuständig.

■ Unter bestimmten Voraussetzungen können Sie auch unabhängig vom Einkommen der Eltern BAföG beziehen: zum Beispiel, wenn Sie zunächst Ihre dreijährige Ausbildung in einem Betrieb machen und danach für drei Jahre dort arbeiten und sich durch diese Tätigkeit selbst finanziell über Wasser halten konnten. Fragen Sie beim Amt für Ausbildungsförderung nach.

> ✖ **Früh genug beantragen**
>
> BAföG bekommen Sie erst ab dem Monat, in dem Sie den Antrag stellen. Wenn Sie also im Oktober 2011 Ihr Studium aufnehmen, sollten Sie bis spätestens 31. Oktober die Förderung beantragen, wenn Sie rückwirkend vom ersten Tag an der Uni fließen soll. Um die Frist einzuhalten, reicht zunächst ein formloser Antrag, die ausgefüllten Formulare können dann nachgereicht werden. Die Förderung gilt für ein Jahr. Folgeanträge sollten bis spätestens zwei Monate vor Auslaufen gestellt werden.

Mit großen Schulden ins Berufsleben?

Die gute Nachricht: Zumindest einen Teil der gezahlten BAföG-Leistungen können Sie einstreichen, ohne jemals etwas davon zurückzahlen zu müssen. Der andere Teil der Leistungen wird Ihnen als zinsloses Darlehen gewährt. Mit der Rückzahlung – maximal 10 000 Euro – starten Sie fünf Jahre nach dem Ende der Förderungs-Höchstdauer. Entscheidend ist also nicht unbedingt der Termin Ihres Examens, sondern die Rückzahlung beginnt fünf Jahre nach Ablauf der Regelstudienzeit. Ungefähr ein halbes Jahr vorher erhalten Sie Post vom Bundesverwaltungsamt. Aus dem Bescheid geht hervor, wie viel Sie ab wann zurückzahlen müssen. Möglich ist Ratenzahlung von 105 Euro im Monat. Wenn Sie in der Lage sind, die ganze geforderte Summe auf einen Schlag zu begleichen, bekommen Sie Rabatt. Nachlass erhalten Sie noch bis Ende 2012 außerdem, wenn Sie zu den besten Studierenden Ihres Jahrgangs gehörten oder besonders schnell studiert haben.

Stipendien

BAföG bekommt nicht jeder, zum Jobben bleibt kaum Zeit – dann wäre es günstig, mit einem Stipendium etwas besser über die Runden zu kommen. Das klingt gut – und steht vielleicht mehr Studierenden offen, als Sie glauben. Denn in Deutschland gibt es zahlreiche, zum Teil kaum bekannte Stiftungen und Institutionen, die Studenten unterstützen. Zuerst denken Sie vielleicht an die großen staatlichen Begabtenförderungswerke, wie zum Beispiel die parteinahen Einrichtungen wie die Konrad-Adenauer-Stiftung (CDU) oder die Friedrich-Ebert-Stiftung (SPD), oder die überparteiliche „Studienstiftung des deutschen Volkes". Doch darüber hinaus gibt es noch viel mehr: Zum Beispiel bietet die Karl-Jüngel-Stiftung Stipendien für Studierende in Nordrhein-Westfalen an, der Heilsbronner Stipendienfonds richtet sich an „begabte, würdige und bedürftige Studenten des evangelischen Bekenntnisses, die im ehemaligen Fürstentum Bayreuth, dem ehemaligen Bayreuther Oberland beheimatet sind".

Auch wenn diese und jede andere Einrichtung die Bewerber genau prüft und bestimmte Voraussetzungen erwartet, zeigen diese Beispiele doch, dass sich für manchen Studierenden zum Beispiel aufgrund seines Heimatortes, seines Studienfachs oder seines Glaubens doch noch ein unerwarteter finanzieller Zuschuss ergeben kann. Deshalb lohnt es sich, wenn Sie sich vor Studienbeginn die Zeit nehmen, zunächst einen Überblick über die Stipendien zu bekommen und anschließend eine aussagekräftige und sorgfältig zusammengestellte Bewerbung einreichen.

@ **Stipendienlotse**
Unter www.stipendienlotse.de hat das Bundesministerium für Forschung und Bildung eine Datenbank eingerichtet, bei der Sie als Studierender unter weit mehr als 200 Angeboten auf die Suche nach einer für Sie möglichen Förderung gehen können.

Zum Sommersemester 2011 startet mit dem „Deutschlandstipendium" an den deutschen Hochschulen ein weiteres Förderangebot, das vom Bundesbildungsministerium initiiert wurde. Der Plan: Der Bund gibt jeden Monat 150 Euro, und private Förderer wie zum Beispiel Wirtschaftsunternehmen, Stiftungen oder Alumni (ehemalige Studenten, die ihrer Uni verbunden bleiben) geben die gleiche Summe dazu. Mit den insgesamt 300 Euro monatlich sollen Studierende sowie Studienanfänger gefördert werden, deren Werdegang herausragende Leistungen in Studium und Beruf erwarten lässt, so das Bundesbildungsministerium. Von diesem neuen Projekt sollen schon im ersten Jahr bis zu 10 000 Studierende profitieren können. Das Geld soll unabhängig vom Einkommen der Eltern fließen und kann zusätzlich zum BAföG bezogen werden.

 Deutschland-Stipendium
Welche Bedingungen für die Förderung gelten, wie Sie sich bewerben können und was Sie sonst beachten müssen, finden Sie im Internet unter www.deutschland-stipendium.de.

Kredit aufnehmen

Als weitere Möglichkeit zur Finanzierung des Studiums bleibt, ein Darlehen aufzunehmen – um damit entweder nur die Studiengebühren zahlen oder insgesamt den Lebensunterhalt bestreiten zu können. Bevor wir die einzelnen Kreditangebote vorstellen, eins vorweg: Die Entscheidung für ein Darlehen sollten Sie sich gut überlegen. Egal welche Variante Sie wählen, Sie starten mit Schulden ins Berufsleben, die Sie über kurz oder lang abzahlen müssen. Überlegen Sie sich, ob es nicht noch eine andere, günstigere Alternative gibt:
- Haben Sie tatsächlich keinen Anspruch auf BAföG? Der Zuschuss und das zinslose Darlehen sind günstiger als ein Bankkredit.

- Können Ihre Eltern mehr einspringen als bisher?
- Besteht die Chance auf ein Stipendium?

Andererseits gilt natürlich auch: Wenn es Ihnen gelingt, mithilfe des Kredits weitere Verzögerungen zu vermeiden, schneller zum Abschluss zu kommen und früher ein vernünftiges Gehalt zu erzielen, zahlt sich das Darlehen trotzdem aus. In dem Fall haben die Banken und Sparkassen zahlreiche Angebote für Sie parat:

Kredite zur Deckung der Studiengebühren

Mehrere Bundesländer wie Baden-Württemberg, Bayern und Niedersachsen haben vor einigen Jahren Studiengebühren von meist bis zu 500 Euro pro Semester eingeführt. Die staatlichen Förderbanken in diesen Bundesländern bieten deshalb die Möglichkeit an, diese Studiengebühren über ein Darlehen zu finanzieren. In der Regel ist es so, dass der Studierende das Geld aus diesem Darlehen gar nicht erst auf sein Konto bekommt, sondern dass es direkt an die Hochschulen abgeführt wird. Alternativ besteht auch bei mancher Bank oder Sparkasse die Möglichkeit, für die Studiengebühren einen Kredit aufzunehmen. Als die Stiftung Warentest im Sommer 2010 die Konditionen verglichen hat, zeigte sich allerdings, dass die Förderbanken um einige Prozentpunkte günstiger waren (mehr dazu unter www.test.de, Stichwort „Studienkredite", Kosten für den Abruf 1,50 Euro).

Per Studienkredit den Lebensunterhalt finanzieren

Wenn Sie für Ihr gesamtes Studium einen Kredit aufnehmen wollen, werden Sie bei der staatlichen KfW-Förderbank fündig und bei diversen Banken oder Sparkassen. Sie können je nach persönlichem Bedarf monatliche Auszahlungen von bis zu 800 Euro vereinbaren. Rechnen Sie sich am besten vor Vertragsabschluss genau aus, wie viel Geld Sie tatsächlich benötigen. Und unterschreiben Sie nicht das erstbeste Angebot, sondern vergleichen Sie die Bedingungen bei mehreren Banken:

Zinssatz. Vergleichen Sie die Effektivzinssätze für den Kredit. Dann haben Sie einen Überblick, was der Kredit tatsächlich kostet, denn die meisten Kosten sind hier mit eingerechnet.

Fester Zinssatz. Wenn Sie die Wahl haben, schließen Sie einen Vertrag mit einem festen Zinssatz ab. Dieser Zinssatz bleibt über die gesamte Laufzeit gleich und Sie können besser kalkulieren. Gerade wenn die Zinssätze am Markt insgesamt niedrig sind, zahlt sich das aus.

Rückzahlung. Achten Sie darauf, dass Sie nicht zu früh nach dem Examen mit der Rückzahlung beginnen müssen. Und auch die Zinsen sollten erst mit der Rückzahlung fällig werden. Werden die Zinsen gleich vom Betrag abgezogen, den Ihnen die Bank monatlich auszahlt, steht Ihnen weniger Geld zum Leben zur Verfügung.

Veränderungen. Klären Sie vor der Unterschrift, welche Regelungen gelten, wenn Sie zum Beispiel ins Ausland gehen oder in ein anderes Studienfach wechseln. Fragen Sie nach, ob es zum Beispiel möglich ist, die Auszahlsumme während der Vertragslaufzeit zu erhöhen.

Achtung: Vor der Unterschrift gilt aber wie bei jedem anderen Kredit: Holen Sie sich Ratschläge, zum Beispiel von den Eltern oder auch von Freunden, die eventuell schon einen Kredit aufgenommen haben. Nehmen Sie wenn möglich auch jemanden mit zum Gespräch in der Bank, dann fallen Ihnen zu zweit vielleicht noch mehr Fragen ein oder unklare Punkte im Kreditangebot auf.

Einen solchen Studienkredit der staatlichen KfW-Bank oder einer anderen Bank oder Sparkasse können Sie für die gesamte Studienzeit vereinbaren oder auch für bestimmte Phasen. Etwas anders sind die Voraussetzungen bei einem weiteren Angebot der KfW-Bank: dem Bildungskredit. Er ist vor allem für die Schlussphase eines Studiums, für Praktika,

Zusatz-, Ergänzungs- oder Aufbaustudien gedacht. Der Kredit ist auf 24 Monate begrenzt, möglich sind Auszahlungen bis zu 300 Euro pro Monat.

Wenn es allein um die Unterstützung in der Examenszeit geht, lohnt es sich außerdem häufig, bei den Darlehenskassen der Studentenwerke nach einem Darlehen zu fragen. Das könnte günstiger sein als bei einer Bank oder Sparkasse. Häufig werden Sie dafür allerdings eine Bürgschaft, zum Beispiel von Ihren Eltern, vorlegen müssen.

Geld aus Bildungsfonds

Als weitere Alternative bleibt die Zahlung aus einem Bildungsfonds. Bei einem solchen Fonds zahlen zum Beispiel Unternehmen, Stiftungen und private Investoren Geld ein. Dieses wird an einen ausgewählten Kreis von Studenten ausgeschüttet, die es dann nach Ende ihrer Ausbildung an die privaten Investoren zurückzahlen müssen. Je nachdem, welches Konzept der Fonds verfolgt, müssen die geförderten Studierenden bei späterer Berufstätigkeit entweder über einen vorher festgelegten Zeitraum einen gewissen prozentualen Anteil ihres Einkommens an den Fonds zurückzahlen. Oder sie zahlen eine Summe unabhängig von ihrem Einkommen.

Um sicher zu sein, dass tatsächlich Geld zurückfließt, sind die Investoren sehr daran interessiert, dass aussichtsreiche Studenten gefördert werden. Deshalb sind die Anforderungen für die Teilnahme an dem Bildungsfonds in der Regel hoch.

Mit der Universität Lübeck hat im Oktober 2010 auch die erste staatliche Hochschule einen Fonds eingerichtet zur Förderung ihrer Studenten. Bedürftige Studenten können monatlich 250 Euro beziehen und müssen dafür nach Abschluss des Studiums einen Betrag zurückzahlen, der sich nach der Höhe ihres Einkommens richtet. Das zurückgezahlte Geld fließt allerdings nicht an die Geldgeber zurück, sondern kommt wiederum anderen bedürftigen Studenten zugute.

✗ Hintergrundinformationen

Einen umfassenden Überblick speziell zur Studienfinanzierung bietet der Ratgeber „Clever studieren – mit der richtigen Finanzierung", den Sie bei der Verbraucherzentrale bekommen können (⇢ Seite 216).

Ab ins Ausland

Ein Semester in Santiago de Chile oder ein Praktikum in San Francisco: Ein Auslandsaufenthalt während des Studiums macht sich besonders gut im Lebenslauf und ist häufig fast schon Voraussetzung für einen erfolgreichen Einstieg in den Beruf.

Wir gehen auf die Auslandsaufenthalte zumindest kurz in diesem Ratgeber ein, auch wenn Sie noch am Anfang Ihrer Zeit an der Hochschule stehen und ein Auslandsaufenthalt Ihnen noch weit weg erscheint. Aus einem einfachen Grund: Wollen Sie wirklich ein Jahr oder ein Semester im Ausland studieren, müssen Sie für die Organisation Zeit und bis zum Abflug einen gewissen Vorlauf einplanen. Der Deutsche Akademische Austauschdienst (DAAD) rät dazu, mindestens ein Jahr, besser eineinhalb Jahre im Voraus damit zu beginnen, sich Informationen zusammenzutragen. Ähnlich ist es bei den Praktikumsstellen: Die interessanten Angebote sind begehrt, sodass Sie möglichst früh mit der Planung beginnen sollten. Noch wichtiger ist die umfangreiche Vorbereitung, wenn Sie sogar vorhaben, Ihr gesamtes Studium im Ausland zu absolvieren.

Deshalb nennen wir hier einige Themen, die auf Sie mit einem Auslandsaufenthalt als Student oder Praktikant zukommen:

Standort für ein Studium

Welche Hochschule kommt mit ihrem Studienangebot inhaltlich überhaupt infrage? Bestehen dort Zulassungsbeschränkungen? Müssen Sprachkenntnisse auf einem bestimmten Niveau nachgewiesen werden und wenn ja, wo kann diese Prüfung abgelegt werden? Aber nicht nur der Blick auf die ausländische Hochschule ist wichtig, entscheidend ist auch, was Sie mit den erworbenen Kenntnissen und Leistungsnachweisen für Ihr Studium in Deutschland oder die anschließende Berufstätigkeit anfangen können. Ist der Studienabschluss, den Sie im Ausland erwerben, hierzulande anerkannt? Lassen Sie sich vor Ihrer endgültigen Entscheidung beraten, welche Studien- und Prüfungsleistungen im Ausland Ihnen in Deutschland etwas bringen. Wenn Sie bereits in Deutschland studieren, wenden Sie sich zu allen Fragen des Auslandsstudiums, zu eigenen Austauschprogrammen der Hochschule und zu den bestehenden Programmen der Europäischen Union an das akademische Auslandsamt Ihrer Universität. Fragen Sie auch Ihre Professoren und Dozenten nach Kontakten und möglichen Gruppenprogrammen für das Auslandsstudium. Recherchieren Sie selbst auf den Webseiten der angestrebten Uni.

Finanzierung

Können Sie sich ein Semester in Schweden oder Kanada überhaupt leisten? Wie kommen Sie klar, wenn Sie den Verdienst aus Ihrem Nebenjob in Deutschland nicht mehr haben? Können Sie mit der Unterstützung Ihrer Eltern rechnen? Erkundigen Sie sich nach anderen Fördermöglichkeiten, zum Beispiel Auslands-BAföG oder Stipendien. Eventuell müssen Sie auch für den Auslandsaufenthalt einen Kredit aufnehmen. Beginnen Sie früh genug damit, sich um diese Themen zu kümmern. Wenn Sie frühzeitig merken, dass es finanziell nicht klappen kann, können Sie sich die weitere Zeit und Mühe sparen. Oder Sie haben noch genug Zeit, einen Finanzierungsplan aufzustellen und womöglich auch noch einen Extrajob in den nächsten Semesterferien anzunehmen.

Verwaltung

Wie lange dürfen Sie in dem Studien-Gastland bleiben? Benötigen Sie ein Visum und wann müssen Sie es beantragen? Informationen zu diesen organisatorischen Dingen finden Sie zum Beispiel über die Botschaften des Gastlandes. Über die Homepage des Auswärtigen Amtes können Sie sich zu den jeweiligen Ländern durchklicken (www.auswaertigesamt.de).

Konkrete Planung

Wenn feststeht, wo es hingeht und wann es losgeht, bleiben die weiteren organisatorischen Schritte. Ein wichtiger Punkt ist die Wohnungssuche – gibt es womöglich ein günstiges Studentenwohnheim, wo Sie zumindest zuerst unterkommen können?

Checkliste: Was gehört in die Reisekasse?

Wenn Sie verreisen oder länger zum Arbeiten oder Studieren im Ausland sind, sollten Sie sich auf mehrere Zahlungsmittel verlassen – vertrauen Sie nicht nur auf Ihre ec- oder Kreditkarte, sondern mischen Sie:

- ☐ **Bargeld**
  Gehört unbedingt zur Reisekasse. Entweder, Sie besorgen es sich vor Ort, oder Sie nehmen Bargeld in Landeswährung mit. Am besten klären Sie vorher, mit welchen Gebühren Sie rechnen müssen, wenn Sie Euro in Deutschland eintauschen oder im Ausland am Automaten Bargeld ziehen. Wenn Sie mit Bargeld unterwegs sind, tragen Sie es nicht komplett an einer Stelle, sondern verteilen Sie es gut.

- ☐ **Girocard (ec-Karte)**
  Mit dieser Karte können Sie zumindest im Euro-Raum und seit einiger Zeit auch in den USA in vielen Geschäften und Restaurants bargeldlos zahlen, ohne dass dafür Kosten anfallen. Wenn Sie mit der Girocard Geld abheben, ist es zumindest in Europa oft günstiger als mit einer Kreditkarte.

- ☐ **Sparkarten**
  Sie heben mit dieser Karte im Urlaub ein Guthaben auf, das Sie vorher eingezahlt haben. Fragen Sie vorher bei der Bank nach, wie oft Sie die Karte nutzen dürfen, ohne dass Kosten anfallen.

- ☐ **Kreditkarte**
  Auch mit ihr können Sie bezahlen und abheben (zum Beispiel VISA oder MasterCard). Fragen Sie vorher bei Ihrer Bank, was all das im Ausland kostet. Einige Banken bieten Girokonten mit Kreditkarten an, mit denen Sie weltweit kostenlos Geld abheben können.

- ☐ **Prepaid-Kreditkarte**
  Sie zahlen vor der Reise eine bestimmte Summe auf Ihre Kreditkarte ein, die Sie dann während des Urlaubs verbrauchen können. Sie können zum Beispiel Geld abheben oder auch in Geschäften und Restaurants damit bezahlen.

- ☐ **Reiseschecks**
  Sicheres Zahlungsmittel, das gerade bei Reisen in eher unsichere Länder geeignet ist. Sie erwerben vor der Reise diese Schecks bei Anbietern wie American Express. Sie müssen jeden Scheck bei Empfang unterschreiben, und auch wenn Sie die Schecks in einer Bank in Kapstadt oder Bangkok einlösen wollen, müssen Sie Ihren Pass vorlegen und erneut unterschreiben. So haben Diebe kaum Chancen, Sie tatsächlich zu schädigen. Für verloren gegangene Schecks erhalten Sie Ersatz.

Weitere Punkte auf der Liste reichen von der Flugbuchung bis zum Auffrischen des Impfschutzes. Es kann zum Beispiel auch nicht schaden, vor der Reise die in dem Jahr fällige Kontrolluntersuchung beim Zahnarzt machen zu lassen. Trotzdem sollten Sie nicht ohne Auslandsreise-Krankenversicherung ins Ausland starten. Erkundigen Sie sich nach Tarifen für einen längeren Auslandsaufenthalt.

Spätestens kurz vor Abflug sollten Sie klären, wie Sie finanziell zurechtkommen: Wo und mit welcher Karte können Sie günstig Geld abheben? Benötigen Sie Reiseschecks?

Das Zuhause untervermieten

Wenn Sie ins Ausland gehen, sprechen Sie mit Ihrem Vermieter. Sie müssen nicht gleich Ihre Wohnung oder Ihr Zimmer kündigen, sondern fragen Sie ihn, ob Sie untervermieten dürfen. Ein Auslandsstudium ist ein berechtigter Grund für die Untervermietung. Vergessen Sie auch nicht, sich über die Post Gedanken zu machen. Soll sie weiter an Ihre eigentliche Adresse gehen, oder wollen Sie für Ihre Abwesenheit einen Nachsendeantrag stellen, dass die Briefe zum Beispiel an Ihre Eltern oder einen Freund weitergeleitet werden?

Versuchen Sie auch bestimmte andere Ausgaben zu begrenzen: Kommen Sie zum Beispiel kurzfristig aus Ihrem Vertrag für das Fitnessstudio heraus oder besteht zumindest die Möglichkeit, den Vertrag während Ihrer Abwesenheit ruhen zu lassen? Vielleicht können Sie auch die GEZ-Gebühren einsparen: Wenn Sie Ihren Fernseher zu Ihren Eltern bringen und der Gebühreneinzugszentrale das mitteilen, müssen Sie während der Abwesenheit nicht zahlen.

@ Auslandsinformationen

Im Laufe der Zeit werden Ihnen immer wieder Dinge einfallen, die Sie beachten wollen oder müssen. Informieren Sie sich so gut es geht, zum Beispiel über die Seite des Deutschen Akademischen Austauschdienstes (www.daad.de). Suchen Sie im Internet nach Erfahrungsberichten. Nutzen Sie Facebook und Co. für den Erfahrungsaustausch.

Auf dem Sprung:
Zwischenphasen überbrücken

Viele Möglichkeiten für die neue Freiheit

Schule vorbei – und dann? Für viele von Ihnen ist der Weg klar: Sie wissen, wie es weitergehen soll und haben auch gleich den passenden Ausbildungs- oder Studienplatz bekommen. Doch selbst wenn alles klar ist, kommen Sie in aller Regel nicht um eine Wartezeit umhin: Wenn die Abschlusszeugnisse im Juni übergeben werden, dauert es ganz automatisch einige Wochen oder Monate, bis im Herbst mit Ausbildung oder Studium der nächste Schritt ansteht.

Und wenn es nicht so glatt läuft? Oder wenn Sie sich noch gar nicht auf einen Ausbildungsberuf oder ein Studienfach festlegen können oder wollen? Dann können aus den Wartezeiten von einigen Wochen leicht Übergangsphasen von einem halben oder auch einem ganzen Jahr werden. Diese Zwischenphasen können lästig sein, doch sie bieten auch die Chance, vieles auszuprobieren, Geld fürs spätere Studium zu verdienen, die Sprachkenntnisse zu verbessern oder für längere Zeit durch die Welt zu reisen. Oder alles zusammen.

Auch in dieser Übergangszeit zwischen Schule und der weiteren Ausbildung gibt es einige organisatorische Besonderheiten. Wir stellen für folgende Phasen vor, was in Sachen Finanzen und Versicherungen auf Sie zukommt:
- Geld verdienen: Jobben und Praktika
- Helfen und Lernen: Freiwilligendienst wie FSJ oder Bundesfreiwilligendienst
- Die Welt entdecken: Reisen und arbeiten im Ausland

Weg zur Arbeitsagentur

Eine Sache noch vorweg: Auch wenn Sie derzeit als Schüler oder als ehemaliger Schüler keinen Anspruch auf Arbeitslosengeld I oder Arbeitslosengeld II haben, sollten Sie die Chance nutzen, die Angebote der Bundesagentur für Arbeit in Anspruch zu nehmen und einen Termin für die Berufsberatung vereinbaren. Dort erhalten Sie auch weitere Informationen über Einstiegsmöglichkeiten in die verschiedenen Berufe oder auch mögliche finanzielle Unterstützung für Bewerbungen, falls Sie sich doch noch für eine duale Ausbildung in einem Unternehmen entscheiden wollen.

Wichtig: Der Besuch ist außerdem gerade bei längeren Übergangszeiten sehr nützlich, damit Sie sich und Ihren Eltern den Anspruch auf Kindergeld sichern können. Denn die Familienkasse will wissen, wie es bei Ihnen weitergeht. Kindergeld fließt bei Zwischenphasen von mehr als vier Monaten nur, wenn Sie Ihr Engagement bei Bewerbungen, Job- und Studienplatzsuche belegen können. Und noch ein Tipp: Nehmen Sie am besten auch einen Freund oder Verwandten mit: Das ist nicht peinlich und gemeinsam denkt es sich manchmal besser.

Jobben und Praktika

Allein auf die Unterstützung der Eltern wird sich nach der Schule kaum jemand verlassen wollen oder können. Das eigene Geld und damit ein Stück Unabhängigkeit ist für viele ein Muss – ohne eigene Jobs geht es deshalb kaum.

Damit von dem hart verdienten Geld möglichst viel auf dem eigenen Konto landet, hilft es, vorher zu überlegen, wann und auch wie viel Sie arbeiten. Tatsächlich kann es sich lohnen, ein bisschen kürzer oder ein paar Tage weniger zu arbeiten. Dafür sorgen die unterschiedlichen Regelungen, die für die verschiedenen Arten von Jobs und Praktika in Sachen Sozialversicherung und Steuern gelten. Vieles von diesen Regeln gilt aber auch, wenn Sie beispielsweise später neben dem Studium jobben, doch es gibt auch einige Unterschiede, etwa bei der Krankenversicherung.

Vor allem auf diese drei Punkte kommt es an:

Steuerbelastung. Wie hoch ist Ihr Einkommen aus den jeweiligen Jobs insgesamt in einem Jahr? Es kann sein, dass Sie einen pauschal versteuerten Job übernehmen. Das ist zum Beispiel bei vielen der sogenannten Minijobs der Fall: Wenn Ihr Einkommen bei höchstens 400 Euro im Monat liegt, überweist der Arbeitgeber pauschal 2 Prozent vom Lohn als Steuer ans Finanzamt. Es spielt anders als bei Arbeitnehmern, die nach ihrem persönlichen Steuersatz beurteilt werden, keine Rolle, ob Sie beispielsweise verheiratet sind oder ob Ihnen Steuerfreibeträge für Kinder zustehen. Es bleibt immer bei diesen pauschalen 2 Prozent.

Anders ist es, wenn der Arbeitgeber, bei dem Sie beispielsweise jobben oder ein bezahltes Praktikum absolvieren, nach Ihren persönlichen Lohnsteuerkriterien abrechnet. Wenn Sie für 2011 erstmals einen „Job auf Steuerkarte" annehmen, müssen Sie sich eine Ersatzbescheinigung vom Finanzamt ausstellen lassen. Für Ihre monatliche Arbeit und den Verdienst daraus wird Ihr Arbeitgeber dann eventuell Lohnsteuer an das Finanzamt überweisen.

Ein Beispiel: Carsten kümmert sich nach dem Abitur um die IT-Anlagen im Betrieb seines Onkels. Er verdient 1 400 Euro im Monat. Dafür überweist sein Onkel rund 82 Euro Lohnsteuer und Solidaritätszuschlag an das Finanzamt.

> **i Zu versteuerndes Einkommen**
>
> Wenn Sie sich ausrechnen, was Sie brutto in einem Jahr verdient haben, sind Sie noch lange nicht beim zu versteuernden Einkommen: Erst mal zieht das Finanzamt von Ihrem Bruttolohn Werbungskosten ab – mindestens 1 000 Euro. Dann schaut es noch nach, ob Sie andere Einkünfte haben, etwa aus Zinsen. Ist das nicht der Fall, zieht es von Ihren Einkünften aus der angestellten Beschäftigung noch Sonderausgaben wie Versicherungsbeiträge und außergewöhnliche Belastungen ab. Dazu zählt zum Beispiel, wenn Sie nach einem Sportunfall selbst für Zahnersatz zahlen mussten oder Ausgaben für Medikamente. Erst wenn alles abgezogen ist, steht das zu versteuernde Einkommen fest.

Die überwiesene Steuer muss aber nicht auf Dauer weg sein. Wenn jemand zum Beispiel nur während der Wartezeit auf einen Studienplatz viel verdient und in den anderen Monaten des Jahres sehr wenig, kann er sich die komplette vorab gezahlte Lohnsteuer über die Steuererklärung vom Finanzamt zurückholen. Denn liegt das zu versteuernde Einkommen bei maximal 8004 Euro im Jahr, müssen Sie keinerlei Steuern zahlen.

Kindergeld. Solange Sie Ihre Ausbildung noch nicht abgeschlossen haben, können Ihre Eltern für Sie bis zu Ihrem 25. Lebensjahr Kindergeld bekommen. Nach derzeitigem Recht gilt allerdings zumindest für 2011 noch eine entscheidende Voraussetzung: Kindergeld fließt nur, wenn die Einkünfte und Bezüge bei höchstens 8 004 Euro im Jahr liegen. Planungen der Bundesregierung sehen vor, dass diese Grenze erst 2012 entfällt. Deshalb sollten Sie auf jeden Fall den Grenzwert im Auge behalten. Sollten Sie den Wert auch nur um einen Euro überschreiten, fällt der Kindergeldanspruch komplett weg.

Kritisch kann es auch werden, wenn zwischen zwei Ausbildungsabschnitten mehr als vier Monate liegen. Dann will die Familienkasse einen Beleg sehen, dass Sie sich um eine Ausbildung bemühen. Sie sollten dann zum Beispiel nachweisen können, dass Sie sich bereits zum Wintersemester um einen Platz beworben hatten. Den ablehnenden Bescheid sollten Sie dann der Familienkasse, die für das Kindergeld zuständig ist, vorlegen.

Wenn Sie zur Überbrückung ein Praktikum machen, ist für die Familienkasse entscheidend, dass Sie durch dieses Praktikum Kenntnisse, Fähigkeiten und Erfahrungen vermittelt bekommen, die als Grundlage für den angestrebten Beruf geeignet sind. Wichtig ist, dass es sich nicht lediglich um ein gering bezahltes Arbeitsverhältnis handelt. Wenn also beispielsweise ein angehender Informatikstudent keinen

Studienplatz bekommen hat und als Überbrückung fünf Monate im IT-Unternehmen ein Praktikum macht, würde die Familienkasse das in der Regel anerkennen und die Einkünfte und Bezüge für das gesamte Jahr ermitteln.

Anders wäre die Situation, wenn der angehende Informatikstudent zur Überbrückung sechs Monate als Nachtportier im Hotel jobbt. Während dieser Zeit haben seine Eltern keinen Anspruch auf Kindergeld. Sobald ihr Sohn sich allerdings zum Beispiel im März an der Uni einschreibt, könnten sie wieder Kindergeld beziehen. Die Familienkasse würde dann schauen, ob der Student in den zehn Monaten (März bis Dezember) maximal $^{10}/_{12}$ von 8 004 Euro verdient.

Sozialversicherung. Ob und in welcher Höhe Sozialversicherungsbeiträge für Jobs und Praktika in einer Übergangsphase fällig werden, hängt von zahlreichen Faktoren ab – unter anderem von der Art des Jobs, von der Dauer und der Höhe des Einkommens. Bei Praktika kommt noch hinzu, ob Sie ein Pflichtpraktikum absolvieren oder eines absolvieren, das nicht in der Studienordnung vorgesehen ist. Für den privaten Versicherungsschutz macht die Art des Jobs hingegen kaum einen Unterschied. Ein Problem könnte es bei der Haftpflichtversicherung geben, wenn die Phasen zwischen einzelnen Ausbildungsabschnitten zu lang werden. Klären Sie sicherheitshalber ab, wie der Versicherer Sie einordnet und ob Sie weiter über die Familienversicherung der Eltern geschützt bleiben können.

Wenn Ihre Tätigkeit geringfügig ist und Sie nicht mehr als 400 Euro verdienen und auch sonst kein Einkommen haben, können Sie über die Krankenkasse eines Elternteils versichert bleiben, und auch für die übrigen Zweige der Sozialversicherung fallen keine Beiträge an. Wenn Sie länger als zwei Monate arbeiten und mehr als 400 Euro verdienen, ist es mit der Abgabenfreiheit allerdings vorbei (···> weitere Fallbeispiele auf Seite 171).

Ein Beispiel: Nach dem Fachabitur weiß Konstantin nicht genau, wie es weitergehen soll. Für ein Jahr jobbt er erst einmal als Nachtportier und Aushilfe im technischen Dienst in einem Hotel. Dort verdient er 600 Euro im Monat. Für dieses Einkommen werden Beiträge zur Sozialversicherung fällig. Konstantin hat den Vorteil, dass er als Arbeitnehmer bei diesem Einkommen nur reduzierte Beiträge zahlen muss, da er weniger als 800 Euro verdient. Trotzdem bleiben von seinen 600 Euro am Ende nur knapp 497 Euro übrig.

Andererseits sichern Sie sich damit auch zusätzliche Leistungen: Angenommen, Sie arbeiten zwölf Monate als beitragspflichtiger Angestellter und danach geht es nicht mehr weiter, haben Sie zumindest für ein halbes Jahr den Anspruch auf Arbeitslosengeld I. Denn eine Voraussetzung dafür ist, dass Sie in den vergangenen 24 Monaten mindestens 12 Monate Beiträge an die Arbeitslosenversicherung geleistet haben.

Lernen und Helfen: Freiwilligendienste

Eine in den letzten Jahren immer beliebtere Möglichkeit, Zeit zu überbrücken, ist das freiwillige Engagement im sozialen oder ökologischen Bereich. Jedes Jahr nutzen hierzulande rund 35 000 junge Menschen zwischen 16 und 27 Jahren die Möglichkeit, einen gesetzlich geregelten Freiwilligendienst zu absolvieren. Der überwiegende Teil entscheidet sich für ein Freiwilliges Soziales Jahr (FSJ) und arbeitet zum Beispiel in Krankenhäusern, Einrichtungen für Behinderte oder Jugendclubs. Auch die Mitarbeit in Sportvereinen oder Denkmalpflege sind möglich.

Hinzu kommen noch junge Menschen, die sich für ein „freiwilliges ökologisches Jahr" (FÖJ) entschieden haben und beispielsweise Umwelt- und Naturschutzgruppen und Verbände bei der Öffentlichkeitsarbeit unterstützen, sich im Pflanzen-

oder Tierschutz engagieren oder Schulklassen über die Lebenswelt Wattenmeer informieren. Diese Angebote gibt es seit Jahrzehnten, und sie wird es auch weiter geben. Wenn Sie sich dafür entscheiden, arbeiten Sie in der Regel für ein Jahr für Ihre Einsatzstelle.

Als weitere wichtige Säule der Freiwilligenarbeit in Deutschland kommt zum 1. Juli 2011 der Bundesfreiwilligendienst hinzu: Mithilfe dieses neuen Freiwilligendienstes sollen die Lücken geschlossen werden, die der Wegfall des Zivildienstes seit dem Auslaufen der Wehrpflicht hinterlässt. Anders als beim FSJ oder FÖJ ist hier keine Altersgrenze gegeben. Die Teilnehmer können auch älter als 27 Jahre sein.

Bewerben und Chance nutzen

Grundsätzlich stehen die verschiedenen Formen des Freiwilligendienstes allen Schulabgängern offen. Anbieter für ein Freiwilligenjahr sind anerkannte Organisationen im sozialen und ökologischen Bereich, unter anderem das Deutsche Rote Kreuz, die Arbeiterwohlfahrt oder auch Umweltstiftungen und Naturschutzverbände. Die Träger sind für die Konzeption des Freiwilligendienstes, für die Koordination und Organisation zuständig und vermitteln die Freiwilligen in ihre Einsatzstellen. Wenn Sie sich für ein freiwilliges Jahr interessieren, erkundigen Sie sich am besten direkt bei den jeweiligen Trägern über mögliche Einsatzstellen und Bewerbungsvoraussetzungen.

✖ Erfolgreich bewerben

Bestimmte Posten für ein Freiwilliges Jahr sind heiß begehrt. Deshalb sollten Sie wie bei anderen Bewerbungen auch lange Vorlaufzeiten einkalkulieren. Sollte es beim ersten Mal nicht mit der Bewerbung klappen, bleiben Sie dran: Die Chancen stehen nicht schlecht, dass kurzfristig noch jemand abspringt, sodass Sie doch noch die Wunschstelle bekommen.

Freiwilligendienste

Mehr Hintergrundinformationen, Hinweise zu Bewerbungen und Kontaktadressen zu Trägerorganisationen finden Sie unter:

www.bmfsfj.de: Das Bundesfamilienministerium stellt die wichtigsten Informationen zu FSJ, FÖJ und Freiwilligendiensten im In- und Ausland zusammen (Stichwort „Engagementpolitik", „FSJ/FÖJ"). Hier können Sie unter anderem die Broschüre „Für mich und für andere – Freiwilliges Soziales Jahr/Freiwilliges Ökologisches Jahr" kostenlos herunterladen.

www.freiwilligendienste.de: Der „Wegweiser Freiwilligendienste" ist eine deutschlandweite und trägerübergreifende Informationsplattform zu den zahlreichen Dienstformen und Einsatzmöglichkeiten in den Jugendfreiwilligendiensten. Hier finden Sie unter anderem eine umfassende Datenbank mit Plätzen für den Freiwilligendienst im In- und Ausland.

Weitere Informationen bieten außerdem die Bundesarbeitskreise für das FSJ und das FÖJ unter www.pro-fsj.de und www.foej.de.

Die Besonderheiten des Freiwilligenjahres

Vor Beginn des Freiwilligenjahres schließen Sie mit dem Träger oder gemeinsam mit Träger und Einsatzstelle eine schriftliche Vereinbarung über die Tätigkeit. In der Vereinbarung wird unter anderem aufgeführt, wie lange Sie arbeiten und was Sie dafür bekommen. Wer sich für den Freiwilligendienst entscheidet, verdient nicht viel, doch Sie erhalten zumindest ein Taschengeld. 2011 darf das allerdings höchstens bei 330 Euro im Monat liegen. Das entspricht 6 Prozent der derzeitigen Beitragsbemessungsgrenze in der gesetzlichen Rentenversicherung. Dieser Wert wird jedes Jahr neu festgelegt und beträgt für das Jahr 2011 66 000 Euro in den „alten" Bundesländern und 63 000 Euro in den „neuen" Bundesländern. Es kann aber auch sein, dass Sie weniger bekommen.

Zusätzlich zum Taschengeld dürfen die Träger oder Einsatzstellen Unterkunft, Verpflegung und Arbeitskleidung zur Verfügung stellen oder alternativ einen finanziellen Ausgleich zahlen, wenn sie nichts davon anbieten können.

Außerdem übernimmt der Träger oder die Einsatzstelle des Freiwilligen die Beiträge zur gesetzlichen Sozialversicherung, also zum Beispiel die Krankenkassenbeiträge. Jeder Freiwillige muss eigenständiges Mitglied einer gesetzlichen Krankenkasse werden. Waren Sie vorher kostenlos über Ihre Eltern in einer gesetzlichen Kasse versichert, können Sie diese Familienversicherung während des Freiwilligenjahres ruhen lassen und später – etwa bei der Einschreibung für einen Studienplatz – wieder kostenlos mitversichert werden. Wenn Sie bisher privat versichert waren, erkundigen Sie sich früh genug, ob und wie Sie Ihren Versicherungsschutz nach dem Freiwilligenjahr wieder aufleben lassen können. Während des Freiwilligendienstes haben Ihre Eltern weiterhin Anspruch auf Kindergeld.

Als Teilnehmer an einem Freiwilligendienst haben Sie außerdem ein Anrecht darauf, während Ihres Einsatzes pädagogisch unterstützt zu werden – um die Eindrücke und Erfahrungen Ihrer Tätigkeit verarbeiten zu können. Außerdem stehen Ihnen 25 Seminartage zur Weiterbildung zu, an denen Sie auch die Möglichkeit haben, sich mit anderen Teilnehmern auszutauschen.

Das, was Sie zum Beispiel während eines sozialen Jahres lernen, können Sie sich in vielen Studiengängen als Praktikum anerkennen lassen.

Freiwilligendienst im Ausland

Wenn Sie sich entscheiden, Ihren Freiwilligendienst im Ausland zu leisten, kann es sein, dass alles so läuft wie in Deutschland, wenn Sie für einen deutschen Träger ins Ausland gehen. Sie sind zum Beispiel weiter über die Sozialversicherung geschützt und auch der Anspruch auf Kindergeld bleibt bestehen. Sicherheitshalber sollten Sie sich aber vorab gut über alle organisatorischen Details informieren. Zusätzlich sollten Sie sich aber auf jeden Fall um eine private Auslandsreise-Krankenversicherung bemühen, da der Schutz der deutschen Krankenkasse im Ausland Lücken hat (→ Seite 71).

Möglich sind auch Unterschiede bei den Rahmenbedingungen für Höchstalter, Taschengeld, Unterkunft und Verpflegung. Nehmen Sie sich Zeit für die Planung und erkundigen Sie sich frühzeitig.

Bekommen Sie einen Platz, nehmen Sie bei vielen Angeboten vor der Abreise an einem vierwöchigen Seminar teil, das Sie auf den Einsatz vorbereitet. Am Ende haben Sie die Möglichkeit, sich in einem einwöchigen Abschlussseminar mit anderen Freiwilligen auszutauschen.

Die Welt entdecken: Arbeiten und Reisen

Wenn nicht direkt nach der Schule, wann dann? Eine bessere Gelegenheit und mehr Zeit, um Arbeitserfahrung im Ausland zu sammeln und die Welt zu erkunden, wird es später kaum wieder geben. Wenn Sie zu den Reisewilligen gehören, stehen Ihnen viele Wege offen: Die Teilnahme am Freiwilligendienst im Ausland gehört genauso dazu wie ein Au-pair-Aufenthalt in einer Familie oder ein Working-Holiday-Visum, um etwa in Australien Farmarbeit und Reisen zu verknüpfen.

Reich wird man während dieser Aufenthalte allerdings nicht – im Gegenteil: Flug, Visa-Gebühren und Vermittlung kosten erst einmal, ehe es losgeht. Als Au-pair gibt es dann ein Taschengeld. Wie hoch das ist, hängt unter anderem vom Reiseland ab. In den USA zum Beispiel können Au-pairs mit einem Taschengeld von etwa 500 Dollar im Monat rechnen.

> **i Kindergeld**
>
> Die Familienkasse schaut bei längeren Sprachreisen- und Au-pair-Aufenthalten genau hin und prüft, ob die Reise tatsächlich für ein künftiges Studium sinnvoll ist. Der Bundesfinanzhof hat vor einigen Jahren klargestellt, dass Ihre Eltern für Sie als Au-pair nur dann Kindergeld bekommen können, wenn Sie vor Ort einen Sprachkurs mit mindestens zehn Unterrichtsstunden in der Woche belegen (Aktenzeichen: VIII R 8/04). Derzeit müssen die Richter in einem anderen Verfahren prüfen, ob Sie auch bei weniger Unterrichtsstunden als Au-pair noch Anspruch auf Kindergeld haben (Az: III R 58/08).

Dazu gibt es einen Zuschuss zur Krankenversicherung und einen Zuschuss für die Ausbildung – also auch für den Sprachkurs.

Ein Taschengeld gibt es auch im Freiwilligendienst (mehr zu den Bedingungen ⇢ Seite 195). Was Sie beim Work-and-Travel-Jahr herausholen, hängt von der Art des Jobs ab und auch davon, wie viel Sie arbeiten und wie viel Zeit Sie mit Reisen verbringen. Doch selbst wenn man dabei nicht reich wird, lohnt sich fast immer der Weg ins Ausland – um die Sprachkenntnisse zu verbessern, selbstständiger zu werden oder einfach um neue Menschen kennenzulernen und Arbeitserfahrungen zu sammeln.

Selber machen oder Agentur?

Wenn Sie sich für „Work-and-Travel" in Australien oder Neuseeland interessieren, können Sie viel auf eigene Faust organisieren. Alternativ bieten Ihnen zahlreiche Agenturen Ihre Hilfe an. Diesen Service gibt es dann aber nicht umsonst. Wenn Sie früh genug mit den Planungen für Ihr Auslandsjahr beginnen, werden Sie schnell herausfinden, ob Sie alles allein hinbekommen oder Unterstützung benötigen. Wenn Sie sich für eine Agentur entscheiden, achten Sie auf die Leistungen: Helfen die Mitarbeiter beispielsweise nur bei der Voraborganisation, oder haben Sie auch im Ausland noch ein Kontaktbüro, über das Sie Hilfe bei der Jobsuche bekommen?

Wollen Sie als Au-pair arbeiten, haben Sie häufig gar keine andere Wahl, als auf die Unterstützung der Agenturen zurückzugreifen, zum Beispiel, wenn Sie als Au-pair in die USA reisen wollen, geht es nicht ohne. Je nach Anbieter haben Sie dann direkte Ansprechpartner vor Ort, die Ihnen auch bei der Suche nach einer Ersatzfamilie helfen, wenn es mit den bisherigen Gasteltern Probleme gibt. Im Angebot sind auch Einführungsseminare, Hilfe bei der Beschaffung des notwendigen Visums und weitere organisatorische Unterstützung. Vergleichen Sie, was die Agenturen Ihnen für Ihr Geld bieten.

Über die Agenturen ist es zum Teil auch möglich, die passende Auslandsreise-Krankenversicherung abzuschließen. Doch Sie können sich auch selbst auf die Suche machen. Wichtig ist für jeden längeren Auslandsaufenthalt: Achten Sie darauf, dass Sie ausreichenden Krankenversicherungsschutz für das Ausland haben. Mit der gesetzlichen Krankenversichertenkarte können Sie zum Beispiel in Australien oder Kanada nichts anfangen. Und auch in Europa reicht der Schutz womöglich nicht aus. Sie benötigen eine Auslandsreise-Krankenversicherung, die im Notfall für Behandlungskosten aufkommt und wenn nötig auch den Rücktransport nach Deutschland übernimmt (→ Seite 71).

@ Agentur finden

Welche Au-pair-Agentur ist die richtige? Die Auswahl ist groß, und gerade für einen langen Auslandsaufenthalt ist es wichtig, einen Anbieter zu haben, der auch in Notfallsituationen eine echte Hilfe ist. Eine absolute Garantie gibt es nicht, aber unter www.guetegemeinschaft-aupair.de finden Sie zertifizierte Agenturen, die ein RAL-Gütezeichen bekommen haben.

Weitere sinnvolle Tipps und Hinweise finden Sie auf der Seite des Bundesverbandes der Au-pair-Agenturen unter www.au-pair-society.de.

Gerade für die bei Schulabgängern beliebten Reiseziele Australien oder USA ist dieser Schutz nicht ganz billig: Die Stiftung Warentest untersucht regelmäßig Angebote für solche langen Auslandstrips: Ende 2010 kostete ein sehr guter Vertrag für ein halbes Jahr Australien ab etwa 200 Euro, aber je nach Anbieter war es auch deutlich mehr. Der Preisvergleich lohnt sich also. Die jeweils aktuellsten Untersuchungsergebnisse finden Sie unter www.test.de, Suchwort Auslandsreise-Krankenversicherung.

Wählen Sie das Angebot einer Vermittlungsagentur, kann es sein, dass Ihnen gleich ein ganzes Versicherungspaket angeboten wird, in dem zum Beispiel Unfallschutz und eine Absicherung Ihres Gepäcks für den langen Aufenthalt mit eingeschlossen sind. Das ist zwar bequem, aber womöglich versichern Sie sich dann doppelt. Denn wenn Sie zuhause schon eine Unfallversicherung haben, sind Sie auch während des Australienjahres über diesen Vertrag geschützt. Sprechen Sie vor Abschluss eines Versicherungspakets lieber noch einmal mit dem Versicherungsvermittler Ihrer Eltern oder rufen Sie direkt bei der Hotline Ihrer Versicherungsgesellschaften an und klären Sie, welchen Schutz Sie schon haben und was womöglich noch fehlen könnte.

Noch mehr Infos:
Anhang

Adressen

AWO Arbeiterwohlfahrt Bundesverband e.V.
Heinrich-Albertz-Haus
Blücherstraße 62/63
10961 Berlin
Telefon: 0 30/26 30 9 – 0
www.awo.org

Vielen Beratungs- und Hilfsangeboten, auch Schuldner- und Insolvenzberatung: Telefonische Beratung bundesweit bei der Schuldenhelpline der Schuldnerhilfe Köln unter

Telefon: 0 180/456 456 4
Montag bis Freitag 10–13 Uhr,
Dienstag und Donnerstag auch 15–20 Uhr;

20 Cent pro Anruf aus dem deutschen Festnetz, unabhängig von der Gesprächsdauer (ggf. abweichender Mobilfunktarif)

BIBB – Bundesinstitut für Berufsbildung
Postfach 20 12 64
53142 Bonn
Allgemeine Anfragen: zentrale@bibb.de
Telefon: 02 28/1 07-0
www.bibb.de

Bundesministerium für Arbeit und Soziales (BMAS)
Wilhelmstraße 49
10117 Berlin
Telefon: 0 30/1 85 27-0
Telefax: 0 30/1 85 27-1830
www.bmas.bund.de

Bundesministerium für Bildung und Forschung (BMBF)
Referat Öffentlichkeitsarbeit
53170 Bonn
Telefon: 0180 5-BMBF02 bzw. 0180 5/26 23 02
Telefax: 0180 5-BMBF03 bzw. 0180 5/26 23 03
0,12 Euro/Min. aus dem Festnetz
www.bmbf.de

Bundesministerium für Familie, Senioren, Frauen und Jugend (BMFSFJ)
Glinkastraße 24
10117 Berlin
Telefon: 01 80/1 90 70 50
(3,9 Cent/Minute aus dem Festnetz,
max. 42 Cent/Minute)
Telefax: 0 30 18/555 11 45
www.bmfsfj.de

Über die Homepage und das Servicetelefon können Sie auch Informationsmaterial und Publikationen bestellen.

Deutscher Akademischer Austauschdienst – DAAD
Kennedyallee 50
53175 Bonn
Telefon: 02 28/8 82-0
Telefax: 02 28/8 82-444
www.daad.de

Deutscher Caritasverband e.V.
Zentrale
Karlstraße 40
79104 Freiburg
Telefon: 07 61/20 00
Telefax: 07 61/20 05 72
www.caritas.de

Unter dem Stichwort „Ich brauche Hilfe" finden sich viele Angebote, so auch eine Schuldnerberatung. Ebenfalls angeboten wird eine anonyme Online-Beratung.

Diakonisches Werk der EKD e.V.
Reichensteiner Weg 24
14195 Berlin
Telefon: 0 30/8 30 01-0
Telefax: 0 30/8 30 01-222
www.diakonie.de

Viele Beratungsangebote – auch zur Schuldnerberatung unter der Rubrik „Menschen in Not"

Adressen

Deutscher Mieterbund e. V.
Littenstraße 10
10179 Berlin
Telefon: 0 30/2 23 23 0
Telefax: 0 30/2 23 23 100
www.mieterbund.de

Mieterschutzbund e. V.
Büro Recklinghausen (Hauptverwaltung)
Kunibertstraße 34
45657 Recklinghausen
Telefon: 0 23 61/40 64 70
Telefax: 0 23 61/1 79 37
www.mieterschutzbund.de

Verbraucherzentralen

Verbraucherzentrale Baden-Württemberg e. V.
Paulinenstraße 47
70178 Stuttgart
Telefon: 07 11/66 91 10
Telefax: 07 11/66 91 50
info@verbraucherzentrale-bawue.de
www.verbraucherzentrale-bawue.de

Verbraucherzentrale Bayern e. V.
Mozartstraße 9
80336 München
Telefon: 0 89/53 98 70
Telefax: 0 89/53 75 53
info@verbraucherzentrale-bayern.de
www.verbraucherzentrale-bayern.de

Verbraucherzentrale Berlin e. V.
Hardenbergplatz 2
10623 Berlin
Telefon: 0 30/21 48 50
Telefax: 0 30/2 11 72 01
mail@verbraucherzentrale-berlin.de
www.verbraucherzentrale-berlin.de

Verbraucherzentrale Brandenburg e. V.
Templiner Straße 21
14473 Potsdam
Telefon: 03 31/29 87 10
Telefax: 03 31/2 98 71 77
info@vzb.de
www.vzb.de

Verbraucherzentrale des Landes Bremen e. V.
Altenweg 4
28195 Bremen
Telefon: 04 21/16 07 77
Telefax: 04 21/1 60 77 80
info@vz-hb.de
www.verbraucherzentrale-bremen.de

Verbraucherzentrale Hamburg e. V.
Kirchenallee 22
20099 Hamburg
Telefon: 0 40/2 48 32-0
Telefax: 0 40/2 48 32-2 90
info@vzhh.de
www.vzhh.de

Verbraucherzentrale Hessen e. V.
Große Friedberger Straße 13–17
60313 Frankfurt am Main
Telefon: 0 69/9 72 01 0
Telefax: 0 69/97 20 10 50
vzh@verbraucher.de
www.verbraucher.de

**Neue Verbraucherzentrale
in Mecklenburg-Vorpommern e. V.**
Strandstraße 98
18055 Rostock
Telefon: 03 81/2 08 70 50
Telefax: 03 81/2 08 70 30
info@nvzmv.de
www.nvzmv.de

Verbraucherzentrale Niedersachsen e.V.
Herrenstraße 14
30159 Hannover
Telefon: 05 11/9 11 96 0
Telefax: 05 11/9 11 96 10
info@vzniedersachsen.de
www.vzniedersachsen.de

Verbraucherzentrale Nordrhein-Westfalen e.V.
Mintropstraße 27
40215 Düsseldorf
Telefon: 02 11/3 80 90
Telefax: 02 11/3 80 91 72
vz.nrw@vz-nrw.de
www.vz-nrw.de

Verbraucherzentrale Rheinland-Pfalz e.V.
Seppel-Glückert-Passage 10
55116 Mainz
Telefon: 0 61 31/2 84 80
Telefax: 0 61 31/28 48 66
info@vz-rlp.de
www.vz-rlp.de

Verbraucherzentrale des Saarlandes e.V.
Trierer Straße 22
66111 Saarbrücken
Telefon: 06 81/50 08 90
Telefax: 06 81/5 00 89 22
vz-saar@vz-saar.de
www.vz-saar.de

Verbraucherzentrale Sachsen e.V.
Brühl 34–38
04109 Leipzig
Telefon: 03 41/69 62 90
Telefax: 03 41/6 89 28 26
vzs@vzs.de
www.vzs.de

Verbraucherzentrale Sachsen-Anhalt e.V.
Steinbockgasse 1
06108 Halle
Telefon: 03 45/2 98 03 29
Telefax: 03 45/2 98 03 26
info@vzsa.de
www.vzsa.de

Verbraucherzentrale Schleswig-Holstein e.V.
Andreas-Gayk-Straße 15
24103 Kiel
Telefon: 04 31/59 09 90
Telefax: 04 31/5 90 99 77
info@verbraucherzentrale-sh.de
www.verbraucherzentrale-sh.de

Verbraucherzentrale Thüringen e.V.
Eugen-Richter-Straße 45
99085 Erfurt
Telefon: 03 61/55 51 40
Telefax: 03 61/5 55 14 40
info@vzth.de
www.vzth.de

Allgemeine Verbraucherinformationen

Stiftung Warentest
Lützowplatz 11–13
10785 Berlin
Telefon: 0 30/26 31-0
Telefax: 0 30/26 31-27 27
www.test.de

Verbraucherzentrale Bundesverband e.V. (vzbv)
Markgrafenstraße 66
10969 Berlin
Telefon: 030/258 00 0
Telefax: 030/258 00 2 18
www.vzbv.de

Internetadressen bunt gemixt!

Unterhalt – Düsseldorfer-Tabelle
www.olg-duesseldorf.nrw.de

Jobs
www.arbeitsagentur.de
www.abi.de
www.minijob-zentrale.de
www.planet-beruf.de

Kindergeld
www.familienkasse.de

Tarife checken und vergleichen
www.verivox.de
www.toptarif.de
www.checked4you.de

Sperrnummern für Kreditkarten & Co.
www.sperr-notruf.de

Schuldenberatung
www.meine-schulden.de

Krankenkassen-Check
www.test.de/krankenkassen

Mieten, Wohnen, Mieterschutz
www.studentenwerke.de
www.wohnenfuerhilfe.info
www.immobilienscout24.de
www.wg-gesucht.de
www.wohnung-gesucht.de
www.studenten-wg.de
www.studenten-wohnung.de
www.bmvbs.de
www.mieterbund.de
www.mieterschutzbund.de

Nachsendeantrag
www.post.de

Ökostrom
www.vz-nrw.de/doc1259A

GEZ
www.gez.de

Reisen
www.mitfahrzentrale.de
www.bahn.de
www.flug.de
www.billigflieger.de

Berufe suchen und finden
www.bibb.de
www.planet-beruf.de

Infos zum Studium
www.studentenwerke.de

Berufsförderung/Stipendien
www.students-at-work.de
www.meister-bafoeg.info
www.sbb-stipendien.de
www.aufstieg-durch-bildung.de
www.bafoeg.bmbf.de
www.das-neue-bafoeg.de
www.stipendienlotse.de
www.deutschlandstipendium
www.auswaertigesamt.de
www.daad.de

Freiwilligendienste/Au-Pair
www.bmfsfj.de
www.freiwilligendienste.de
www.pro-fsj.de
www.pro-foej.de
www.guetegemeinschaft-aupair.de
www.au-pair-society.de

Stichwortverzeichnis

A
Abmahnung 145
Abrufkredit 53
Abwasserbeseitigung 91
Aktienfonds 154
Allgemeine Geschäftsbedingungen (AGB)
 – Handy 41
Altersvorsorge
 – Sparprodukte 88
 – Versicherung 87
Amtsgericht 25
Anbieterwechsel, Telefon 123
Antrag auf Abzweigung 29
Anträge 15
Arbeitnehmersparzulage 154
Arbeitsagentur 28, 188
Arbeitslosengeld 30
 – Übergangszeit 193
Arbeitslosenversicherung 30, 67, 151
 – Übergangszeit 193
Arbeitsmittel 146
Arbeitsrecht 144
Arbeitsuchend 29
Arbeitszeiten 11
 – Jobs im Studium 167
Arbeitszeugnis → Ausbildungszeugnis
Atomkraft 118
Au-Pair-Agentur 199
Au-Pair-Aufenthalt 197, 199
Ausbildung 10
Ausbildungsbetrieb 144
Ausbildungsgehalt
 – Besteuerung 138, 150
Ausbildungsrahmenplan 146
Ausbildungsvertrag 144
 – Abmahnung 145
 – Abschlussprüfung 147, 148
 – Arbeitsmittel 146
 – Berichtsheft 146
 – Kündigung 145
 – Probezeit 145
 – Zeugnis 148
Ausbildungszeugnis 148
 – Formulierungen 149

Ausbildungszweck, Praktikum 170
Auslandsaufenthalt
 – Kindergeld 198
Auslands-BAföG 184
Auslandsreise-Krankenversicherung 71, 72, 199
 – Familienversicherung 73
 – private Zusatzversicherung 73
 – Rücktransport 72
Auslandsstudium 183
Außergewöhnliche Belastung 153
Auszug 127
 – Nachmieter 128
Autoradio 125
Autoversicherung 15, 78

B
BAföG 15, 29, 91, 173
 – Antrag 174
 – Auslandsstudium 184
 – Förderung 173
 – Leistungsnachweis 176
 – Meister-BAföG 157
 – Rückzahlung 177
BahnCard 131, 132
Bahnticket 132
Bananenkisten 111
Bankmitarbeiter 62
 – Beratungsprotokoll 64
 – Provisionen 63
Bargeld 43
 – Reisen und Studium 185
Barunterhalt 25
Beratungshilfeschein 25
Berichtsheft 146
Berufliche Fortbildung 38
Berufliche Weiterbildung 156
Berufs- und Erwerbsunfähigkeit 81
Berufsakademie 159
Berufsausbildungsbeihilfe (BAB) 29, 91, 141
Berufsbegleitendes Studium 157
Berufsberatung 30
Berufsschule 144
Berufsständische Kammer 144

Berufsunfähigkeitversicherung 80, 137
- Invalidität 80
- Vorerkrankungen 81
Berufsvorbereitende Bildungsmaßnahmen 141
Besenrein 129
Betriebliche Altersvorsorge 61, 140, 155
Betriebskosten 114
Betriebsrat 146, 155
Bewerbungskosten 31
Bildungsfonds, Studium 182
Bildungskredit 181
Bonuszahlung, Krankenkassen 136
Brutto 150
Budget 9, 18, 22
Bundesausbildungsfördergesetz ⇢ BAföG
Bundesbildungsministerium 156
Bundesfreiwilligendienst 188, 194
- Ausland 196
- Beitragsbemessungsgrenze 195
- Taschengeld 195
Bundesverwaltungsamt 177
Bürgschaft, Wohnung 98

C
Call-by-Call-Vorwahl 122
Courtage ⇢ Maklerprovision

D
Darlehenskasse, Studentenwerk
Datengeschwindigkeit, Internet 121, 122
Deutsch-akademischer Austauschdienst (DAAD) 183
Deutschlandstipendium 179
Dispo-Kredit 50
Dispo-Zinsen 50
Doppelte Abiturjahrgänge 8
Duale Ausbildung 31
Duales Studium 158
Düsseldorfer Tabelle 25, 26

E
ec-Karte ⇢ Girocard
Eigene Wohnung 12
Einkaufsplan 106
Einkünfte/Bezüge 28
Einnahmen des Kindes bei Unterhalt 24

Einrichtung 92
Einschreiben mit Rückschein 14
Einwohnermeldeamt 110
Einzug 107
Eltern 15
Elternhaus 8
Energieausweis 99
Energiekosten 99
Entwässerung 114
Ersatzbescheinigung, Lohnsteuerkarte 32, 138
Ersparnisse 58
- Banksparplan 59
- Bausparvertrag 60
- Erbe 58
- Festgeld 59
- Fondssparplan 60
- Geldanlage 58
- Investmentfonds 60
- Riester-Förderung 61
- Schenkung 58
- Sparbuch 59
- Versicherungen 61
Erwerbsminderungsrente 80
Erwerbsunfähigkeit 81

F
Fachhochschule 159
Fahrgemeinschaften 133
Fahrradversicherung 86
Familiengericht 25
Familienkasse 28
Familienversicherung, Studium 163
Fernabsatz 14
Finanzamt 37
- Umzug 113
Finanzplanung 22
Flugpreise 133
FÖJ 193
Formulare 15
Freiberufler 36
Freiwilligendienst 188, 193
Freiwilliges ökologisches Jahr ⇢ FÖJ
Freiwilliges soziales Jahr ⇢ FSJ
FSJ 188, 193
Führerschein 12

G

Gas 91
Gebühreneinzugszentrale (GEZ) 9, 124
– Einliegerwohnung 125
– Gebühr 39
– Sozialhilferegelsatz 125
– Preisnachlass 39
Gehaltsabrechnung 150
Geldanlage → Ersparnisse
Geringfügige Beschäftigung, Studium 168
Geschäftsfähigkeit 11, 12
Gesetzliche Krankenversicherung, Studenten 163
Gesetzliche Sozialversicherung 10
Gewerbetreibender 36
Gewerkschaften 144
Gewerkschaftsbeiträge 172
Girocard, Reisen/Studium 185
Girokonto 22, 23, 42, 139
– Abbuchungsverfahren 46
– Dauerauftrag 42, 45
– Dispo-Kredit 50
– Einzugsermächtigung 45
– Geldchip 48
– Geldgeschäfte 42
– Girocard 42, 48, 185
– Überweisungen 42, 45
Gleitszone, Einkünfte 34
Gleitzonenvorteil 34
Grundbedarf, BAföG 174
Grundfreibetrag, Umzug 113

H

Haftpflichtversicherung, Kfz 78
Haftpflichtversicherung, private 74
Haftpflichtversicherung, Tierhalter 77
Handwerkskammer, Prüfung 147
Handy 39
– Ausland 40
– Euro-Tarif 41
– Flatrate 40
– Internet 40
– Kündigungsfristen 40
– Netzbetreiber 40
– Prepaid 39
– SMS-Kosten 39
– Vertrag 39, 40
Hartz IV 30
Hauptwohnung 110
Haushalt 21
Haushaltsbuch 18
Haushaltscheck 19
Hausratversicherungen 18, 84, 109
– Außenversicherung 85
– Einrichtung 84
– Fahrrad 85, 86
– Leitungswasserschaden 84
– Neuwert 84
– Überspannung 85
– Urlaubsreisen 85
Heimfahrt 130
– Personennahverkehr 130
– Regionalzüge 130
Heiraten 12
Heizkörper 115
Heizkosten 114
Heizkostenabrechnung 114
Heizung 91, 99
Hygrometer 100

I

Industrie- und Handelskammer (IHK), Prüfung 147
Insolvenzantrag 57
Internet 91, 121
– Datengeschwindigkeit 122
Isolierverglasung 99

J

Jobben 189
Jobcenter 30
Jobverlust und Kredite 53
Jugend- und Auszubildendenvertretung 144, 146
Jugendamt 25
Jugendschutzbestimmungen 11

K

Kaltmiete 90
Kaskoversicherungsschutz 78
Kaution 91
– Betriebskosten 91

– Prüffrist 91
KfW-Bank, Studienkredit 181
Kfz-Haftpflichtversicherung 78
– Teil-/Vollkasko 79
Kindererziehungszeiten, Student 164
Kindergeld 10, 27
–, sichern 139
– Studium 162
– Übergangszeit 191
Kindergeldanspruch 28
Kirchensteuer 153
Kochplan 106
Kontoauszüge 18
Krankenkasse 9, 70
– Bonuszahlung 136
–, suchen 136
Krankenversicherung, gesetzliche (GKV) 67, 68, 151
– Auslandsreise 71
– Beihilfe 69
– Homöopathie 70
– Krankenkassen 70
– Reiseimpfungen 70
– Versicherungspflichtgrenze 68, 69
Krankenversicherung, private (PKV) 68
Krankschreibung 147
Kredit 13
Kredit, Studium ⇢ Studienkredit
Kreditkarte 43
– mit Revolving-Funktion 48
– Reisen/Studium 185
– Sperr-Notruf 49
Kreditvertrag 52
Kündigung, Ausbildungsplatz 145
Kündigung, Wohnung 127
Kurzfristige Beschäftigung 34

L

Lebenshaltung 21
Leistung der aktiven Arbeitsförderung 30
Lohnfortzahlung, Praktikum 170
Lohnsteuer 73, 151, 153
Lüften, Wohnung 116
Luftfeuchte 100

M

Mahnbescheid, Schulden 53
Mahngebühren, Schulden 53
Maklerprovision 91
Meister-BAföG 157
Midijob 33
– Arbeitgeberanteil 34
– Sozialversicherungsbeiträge 34
– studentische Kranken-/Pflegeversicherung 33
Miete 90
Mieterbund 103
Mieterhöhungen 101
Mieterschutzbund 103
Mieterverein 130
Miethöhe 100
Mietminderung 116
Mietsachschäden 77
Mietspiegel 90
Mietvertrag 100
¬, befristeter 101
– Haustiere 102
– Kündigungsausschluss 101
– Schönheitsreparaturen 102
– Untermieter 102
Mietwagen 132
Mindestlaufzeit, Telefon 122
Minijobs 32, 190
– Bruttoverdienst 33
– Kranken- und Rentenversicherung 32
– Lohnsteuer 32
– Steuerfreibetrag 32
– Steuerkarte 32
– Urlaubs- und Weihnachtsgeld 168
Mitbewohner 105
Mitfahrzentrale 132, 133
Möbelwagen 112
Müllabfuhr 91
Müllbeseitigung 114

N

Nachmieter 128
Nachsendeantrag 110, 186
Naturalunterhalt 26
Nebenjob 147
– Arbeitszeit 167

– Semesterferien 168
– während des Studiums 167
Nebenkosten, Miete 91, 94, 114
Netto 150

O
Ökostrom 118
Öl 91

P
Personalrat 146
Pflegefall 73
Pflegeversicherung 67, 73, 151
Pflichtpraktikum 192
Phishing 46
Praktikum 35, 189
   – Ausbildungszweck 170
   –, freiwilliges 36
   – Lohnfortzahlung 170
   – Pflichtpraktikum 192
   – Rechte 170
   – Studium 169
Prämiengutschein 157
Prepaid-Karte, Auslandsreisen 185
Private Krankenversicherung für Studenten 164
Private Unfallversicherung 83
Privathaftpflichtversicherung 74, 129, 137
   – im Ausland 76
   – Mietsachschäden 77
   – Single-Tarif 76
Prozesskostenhilfe 25
Putzplan 106

R
Ratenkäufe 14, 53
Ratenkredit 51
   – Effektivzins 51, 52
   – Nominalzins 52
   – Restschuldversicherung 52
   – Risiken 53
Raumtemperatur, Heizung 115
Rechtsanwalt 25
Rechtsschutzversicherung 86
   – Miete 104
Referenzkonto 23
Regelbedarf, BAföG 173

Reisegepäckversicherung 88
Reisen 130
Reiseschecks 185
Renovierung 92, 107
Renovierungskosten 129
Rentenversicherung 67, 80, 151
   –, private 87
Rentenversicherungsträger 137
Riester, VL 61
Riester–Banksparplan 62
Riester-Förderung 61
Riester-Rente 154
Riester-Vertrag 153
Rücktransport 72
Rundfunkbeitrag 126
Rundfunkgebühren 9

S
Schimmel, Wohnung 99, 116
Schönheitsreparaturen 102, 107
Schulden
   – Finanzierungsplan 53
   – Gläubiger 56
   – Insolvenzverfahren 56
   – Mahnungen 53
   – Sanierungsplan 56
Schuldenfalle 53
Schuldnerberatung 54, 56
   – Sozial- und Jugendamt 54
   – Wohlfahrtsverbände 54
Schwesternwohnheim 90
Selbstbehalt 133
Selbstständige Tätigkeit 36
   – Berufsverbände 36
   – Finanzamt 36
   – freier Journalist 36
   – Industrie- und Handelskammer 36
   – Krankenversicherung 36
Semesterferien, Jobben 168
Semesterticket 131
Solidaritätszuschlag 153
Sonderausgaben 152
   – als Student 172
Sonderkündigung, Telefon 122
Sozialerhebung des deutschen Studentenwerks 19, 24

Sozialleistungen 15, 27
Sozialversicherung, Übergangsphase 192
Sozialversicherungsausweis 137
Sozialversicherungspflichtige bei
  Beschäftigung 32
Sozialwohnung 96
Spam-E-Mails 46
Sparen ⇢ Ersparnisse
Sparkarten, Auslandsreisen 185
Sparpreise, Bahn 131
Sperr-Notruf 49
Stadtwerke 109
Staffelmiete 101
Standby, Strom 119
Steuererklärung 37
  –, bei Gehalt 150, 151
Steuergrundfreibetrag 37
Steuerkarte 138
   – Ersatzbescheinigung 138
Steuerklasse 138
Steuerpflicht 37
Stipendien im Beruf 157
Stipendienlotse 178
Stipendium, Studium 178
Strafrecht 12
Straßenreinigung 91, 114
Strom 91, 116
  – Anbieter 117
  – Anbieterwechsel 118
  – Atomstrom 118
  – Grundversorgung 117
  – Gütesiegel 118
  – Standby 119
  – Tarifrechner 117
  – Vorkasse 117
Studentenwerk 92, 166
  – Darlehenskasse 182
Studentenwohnheim 90, 92
  – Gemeinschaftsküche 93
  – Wohnanlagen 93
Studentische Krankenversicherung 164
Studienbeginn 162
Studienkredit 10, 179
  – Bildungsfonds 182
  – Bildungskredit 181
  – KfW-Bank 181

  – Studentenwerk 182
  – Studiengebühren 180
Studium 10
  – Ausland 183
  –, berufsbegleitendes 157
  – Familienversicherung 163
  – gesetzliche Krankenversicherung 163, 164
  – Kindergeld 162
  – Nebenjobs 167
  – Praktikum 169
  – private Krankenversicherung 164
  – Wohnung 162
  – Hochschule 162

T
Tagesgeldkonto 22, 23
Teilkaskoversicherung 78
Telefon 91, 121
Thermostatventile, Heizung 115
Tierhaltung 102
Treppehausreinigung 102
Treuhänder 57

U
Übergabeprotokoll, Mietvertrag 109
Übergangsphase 10, 188
Überschuldung 54
Umzugshelfer 111
Umzugskisten 111
Umzugstag 111
  – Ladezone sperren 112
Umzugswagen 112
Unfallversicherung 67, 83, 151
  –, gesetzliche 83
  –, private 83
  – Reha-Maßnahmen 83
Universitätsstudium 162
Unterhalt 15, 24
  – Anspruch 24
  – Eltern 24
  – Volljährigkeit 24
Untermieter 101
Untervermietung 128

V

Verbraucherinsolvenzverfahren 56, 57
Verbrauchskosten, Heizung 115
Vermieter 15, 100
Vermögenswirksame Leistungen (VL) 61, 154
Versicherungen 15, 66, 91
– für Studenten 172
Versicherungsverträge, privat 10
Vertrag kündigen 14
Vertrag widerrufen 14
Vertrauensleute 146
Vieltelefonierer 121
Visum-Working-Holiday 197
Visum, Auslandsstudium 184
Vollkaskoversicherung 78, 133
– Selbstbehalt 133
Vormieter 107
Vormundschaftsgericht 13, 27

W

Wahlrecht 12
Wärmeschutzverglasung 99
Wasserboiler 99
Wasserversorgung 114
Wehrpflicht 8
Weiterbildung
– Stipendien 157
–, berufliche 156
Werbungskosten 38, 152
– Student 172
– Umzug 113
WG 100, 103
WG-Gemeinschaftszimmer 105
WG-Hauptmieter 105
WG-Pläne 106
WG-Zimmer 90
Widerruf 14
Winterdienst 102
Wochenendbesuche 130
Wohlverhaltensphase 57
Wohnberechtigungsschein (WBS) 96, 140
Wohnen für Hilfe 93
Wohngeld 97, 140
Wohngemeinschaft ⇢ WG
Wohnung 10
–, finden 90

– Studium 162
Wohnungsamt 96, 140
Wohnungsbauprämie 154
Wohnungsschlüssel 130
Wohnungssuche 15
Work-and-Travel 198
Working-Holiday-Visum 197

Z

Zählerstände 109
Zentralheizung ⇢ Heizkosten
Zeugnis ⇢ Ausbildungszeugnis
Zinsen 23
Zu versteuerndes Einkommen 37, 38
Zweitwohnsitz 110
Zweitwohnsteuer 110
Zwischenmiete 96

Impressum

Herausgeber

Verbraucherzentrale Nordrhein-Westfalen e.V.
Mintropstraße 27, 40215 Düsseldorf
Telefon: 02 11/38 09-555, Telefax: 02 11/38 09-235
publikationen@vz-nrw.de
www.vz-nrw.de

Mitherausgeber

Verbraucherzentrale Bundesverband e.V.
Verbraucherzentrale Baden-Württemberg e.V.
Verbraucherzentrale Hamburg e.V.
Verbraucherzentrale Niedersachsen e.V.
(Adressen ···> Seite 203–204)

Autorin	Isabell Pohlmann
Lektorat	Heike Plank, Jubin Heydarinia
Koordination	Frank Wolsiffer
Fachliche Beratung	Thomas Bradler, Gudrun Christensen, Bernd Jaquemoth, Daniela Range-Dietz, Melanie Schliebener, Beate Uhr, Elke Weidenbach
Gestaltungskonzept, Layout und Produktion	punkt 8, Berlin
Titelfoto	danstar/Shotshop.com
Illustrationen	Detlef Surrey, Berlin
Druck und Bindung	Stürtz GmbH, Würzburg Gedruckt auf 100 % Recyclingpapier

Redaktionsschluss: April 2011

verbraucherzentrale

Unser Plus für Sie!

Noch Fragen?
Die Beratung der Verbraucherzentralen

Hoffentlich haben Ihnen die Informationen in diesem Ratgeber weitergeholfen. Und wenn Sie noch Fragen haben ...

Die Expertinnen und Experten der Verbraucherzentrale beraten Sie individuell, kompetent und unabhängig:
- in Ihrer Beratungsstelle vor Ort,
- am Telefon oder
- im Internet.

Wir beraten zum Beispiel zu:
- Banken und Geldanlagen
- Baufinanzierung
- Energie
- Ernährung
- Haushalt, Freizeit, Telekommunikation
- Kreditrecht, Schuldner- und Insolvenzverfahren
- Patientenrechte und Gesundheitsdienstleistungen
- Reiserecht
- Versicherungen

www.
Unter www.verbraucherzentrale.de finden Sie das vollständige Beratungsangebot in Ihrem Bundesland.

Oder Sie nehmen direkt Kontakt mit Ihrer Verbraucherzentrale auf: Die Adressen finden Sie auf Seite 203–204.

Nutzen Sie unser Beratungsangebot und treffen Sie mit unserer Unterstützung die richtigen Entscheidungen.
Wir sind für Sie da!

Die Ratgeber der Verbraucherzentralen

Hier können wir Ihnen nur eine kleine Auswahl aus unserem umfangreichen Ratgeberprogramm vorstellen. Mehr als 100 aktuelle Titel halten wir für Sie bereit. Auf Wunsch senden wir Ihnen gern ein Gesamtverzeichnis zu. Zu den genannten Preisen (Stand: April 2011) kommen noch Porto und Versandkosten.

Clever studieren |1|

Keine Frage: Wer studieren will, braucht Geld. Und durch die Studiengebühren wird das Studium noch teurer. Viele Studenten und ihre Eltern fragen sich deshalb, wie diese Ausbildung noch zu finanzieren ist. Antworten gibt der Ratgeber rund um Ausbildungsunterhalt, BAföG, Jobben, Studienkredite, Stipendien, Sozialleistungen und weitere Vergünstigungen für Studenten.
3. Auflage 2009, 200 Seiten, 9,90 €

Geldanlage ganz konkret |2|

Banken und Finanzvertriebe waren in der Vergangenheit leider oft keine große Hilfe. Der Ratgeber bietet konkrete und vor allem unabhängige Hilfe für alle, die sparen wollen. Ob mit großem oder kleinem Budget, ob sicher oder mit Anlagerisiko, ob staatlich oder betrieblich gefördert: Wer Bescheid weiß, macht mehr aus seinem Geld.
2. Auflage 2011, 256 Seiten, 9,90 €

Das Haushaltsbuch |3|

Das Haushaltsbuch bietet einen Überblick über Ihre Einnahmen und Ausgaben und viele Tipps zum Thema Geld sparen. Mit zwölf Monats-Checklisten für Einnahmen und Ausgaben, 54 Wochenübersichten für tägliche Ausgaben und einer Jahresübersicht für die Gesamtbilanz. So haben Sie Ihre Finanzen stets im Griff.
17. Auflage 2011, 88 Seiten, 5,90 €

Renovieren |4|

Neue Farben oder Tapeten für die Wände? Ein neuer Fußboden? Oder einfach nur ein paar alte Möbel ausbessern? Wer beim Renovieren selbst Hand anlegt, kann Geld sparen und außerdem das Material und die Verarbeitungsqualität bestimmen. Der Ratgeber bietet viele Schritt-für-Schritt-Anleitungen – mit Fotos und Materiallisten.
1. Auflage 2006, 198 Seiten, nur 5,- €

Arbeitszeugnis |5|

Der Ratgeber bietet professionelle und praxisnahe Hilfestellungen im Umgang mit Zeugnissen und versetzt Sie in die Lage, diese treffsicher zu interpretieren und formulieren. Er richtet sich an Arbeitnehmer, die ein Zeugnis erhalten haben oder es selbst schreiben dürfen oder wollen. Mit vielen Formulierungsbeispielen.
1. Auflage 2007, 204 Seiten, 9,90 €

Richtig versichert |6|

Eine Menge Geld wird für überflüssige und zu teure Versicherungen verpulvert. Das Buch informiert, welche Versicherungen Sie wirklich brauchen – im Beruf und Privatleben, bei der Altersvorsorge, beim Immobilienbesitz oder auf Reisen – und welche Sie getrost kündigen können. Außerdem nennt er für jede Versicherungssparte empfehlenswerte Anbieter.
23. Auflage 2011, 216 Seiten, 9,90 €

Was ich als Mieter wissen muss |7|

Recht haben und Recht bekommen ist auch bei Problemen zwischen Mieter und Vermieter zweierlei. Der Ratgeber informiert über alle wichtigen Rechte und Pflichten im Mietverhältnis und hilft mit Tipps, Musterbriefen und Formulierungsvorschlägen, Ihre Rechte effektiv durchzusetzen.
3. Auflage 2010, 300 Seiten, 9,90 €